保育内容「健康」
遊びや生活から健やかな心と体を育む

重安智子
安見克夫 編著

ミネルヴァ書房

はじめに

　現代社会は，少子化，核家族化，都市化，情報化等により，子どもや家庭を取り巻く環境が急激に変化しています。人間関係の希薄化や価値観・生活スタイルの多様化等がみられ，子育て不安や親子関係の不全による虐待は増加の一途をたどり，社会の大きな課題となっています。

　子どもを取り巻く環境の変化は，子どもの育ちにも様々な課題をもたらしています。特に，少子化や都市化の影響から，子どもたちが遊ぶ広場や公園等が減少し，異年齢の友達と群れて遊ぶ機会がなくなり，体力・運動能力の低下やコミュニケーション力の欠如が指摘されています。また，保護者の就労や価値観，生活様式の変化等により，子どもたちの生活のリズムが乱れ，睡眠不足や朝食を食べずに登園する子ども，排泄の自立が遅くなっている子どもが増加しています。さらに，食事に関して，アレルギーをもっている子どもや肥満・糖尿病等の生活習慣病の増加もみられます。このように子どもの健康に関する課題は多岐にわたります。

　今後，人工知能（AI）のさらなる進化により，社会の変化はさらに速度を増し，今まで以上に予測困難なものとなっていくと考えられます。このような状況の中，保育者は子どもとの信頼関係を深めながら，子どもの遊びや生活を楽しいものとしていくことが求められています。2018年には，社会の変化に対応した教育・保育を推進するため，幼稚園教育要領・保育所保育指針・幼保連携型認定こども園教育・保育要領が同時に改訂・改定されました。幼児期に育みたい資質・能力や幼児期の終わりまでに育ってほしい姿，基本的な教育・保育のねらい・内容が示されています。子どもたち一人一人が伸び伸びと健やかに成長していくことができるように，よりよい環境を工夫し，質の高い教育・保育を実践し，子どもの育ちを支えていくことは，乳幼児教育保育関係者にとり使命であり，願いです。

　領域「健康」は，子どもの健康な心と体を育て，自ら健康で安全な生活をつくり出す力を養うことを目指しています。本書では，子どもの発育や発達，生活習慣や食育の強化，体を動かして遊ぶことの重要性，安全な生活，体育的行事として運動会，水遊び・プール遊び，園外保育等についての指導法や具体的な事例を取り上げ，指導の参考となるようにしています。

　保育者を目指す学生の皆さんの教科書として，また，現在保育者として働いている方の参考書としてご活用いただき，より学びが深まることを期待しています。

2020年1月

重安　智子

i

目　次

第 1 章

領域「健康」の意義

　生涯を通じて健康で安全な生活を営む基盤は，乳幼児期に愛情に支えられた環境の下で，心と体を十分に働かせて生活できることにより培われます。この章では，子どもたちの心と体の健康を育んでいくために大切にしたいことや，領域「健康」のねらい，内容について学びます。

1．幼稚園教育の基本，保育所保育の基本等と領域「健康」の関係

1　健康の定義

　子どもの健康を考えるときに，子どもの教育や保育に関する法令があります。

　教育基本法では，教育の目的として「心身ともに健康な国民の育成」が記されています。

> ▷1　1947（昭和22）年制定（教育についての原則を定めた日本の法律）。2006（平成18）年改正において「幼児期の教育」という条項が新設（第11条）された。

教育基本法

第1条（教育の目的）　教育は，人格の完成を目指し，平和で民主的な国家及び社会の形成者として必要な資質を備えた心身ともに健康な国民の育成を期して行われなければならない。

　学校教育法には，幼稚園の目標として「心身の発達を助長すること」が記され，第一として「健康」が挙げられています。

> ▷2　1947（昭和22）年策定（学校教育制度の根幹を定める日本の法律）。2007（平成19）年改正において，学校種の規定順の変更（幼稚園を最初に規定），幼稚園の目的，目標規定の改正，家庭及び地域の幼児教育支援に関する規定の新設等が行われた。

学校教育法

第22条　幼稚園は，義務教育及びその後の教育の基礎を培うものとして，幼児を保育し，幼児の健やかな成長のために適当な環境を与えて，その心身の発達を助長することを目的とする。

第23条　幼稚園における教育は，前条に規定する目的を実現するため，次に掲げる目標を達成するよう行われるものとする。

一　健康，安全で幸福な生活のために必要な基本的な習慣を養い，身体諸機能の調和的発達を図ること。

　保育所をはじめとする児童福祉施設においては，児童福祉法が2016年に改正された際，第1条に「児童の権利に関する条約の精神にのつとり」と明記され，子どもの能動的権利尊重について言及されています。

> ▷3　1947（昭和22）年施行（児童の福祉を担当する公的機関の組織や，各種施設及び事業に関する基本原則を定める日本の法律）。2016（平成28）年改正。

児童福祉法

第1条　全て児童は，児童の権利に関する条約の精神にのっとり，適切に養育されること，その生活を保障されること，愛され，保護されること，その心身の健やかな成長及び発達並びにその自立が図られることその他の福祉を等しく保障される権利を有する。

　健康の考え方の基準とされているものとしては，**世界保健機関（WHO）憲章**の前文冒頭に「健康の定義」があります。

4

世界保健機関（WHO）憲章の健康の定義

　健康とは，完全な肉体的，精神的及び社会的福祉の状態であり，単に疾病又は病弱の存在しないことではない。

　ともすれば，健康は，病気や疾病等の有無で考えられがちです。しかし，この定義では，身体的，精神的，社会的という3つの視点から健康を捉える大切さを述べています。身体的側面として，体が丈夫で元気であること，精神的側面として心が安定し，伸び伸びと自分を発揮していること，そして，社会的側面として，周りのいろいろな人たちと互恵的に関わり生活していくことが，健康として大切なことです。子どもを健康に育てることは大人の義務であると同時に，それを実現する責任があります。そのため，子どもたちが乳幼児期にふさわしい生活の中で，心を安定させながら意欲的に伸び伸びと生活し，心身ともに健康に育っていくようにすることが大切です。

2　乳幼児の健康

　乳幼児が心身ともに健康で，健やかに育つことは，国や地域を問わず，時代を越えて，全ての人々の願いです。そのため，乳幼児の心身の健康の保持増進が保障される社会を築いていくとともに，乳幼児の育つ環境が安全なものとして整えられていくことが重要です。また，乳幼児自身や保護者，その他の人々が安心感をもって日々の生活を送ることができるような社会を築いていくことが求められます。特に3歳くらいまでは，食事や排泄，着替えなどの生活行動は，身近にいる大人の援助なしではできません。身近にいる大人に世話をしてもらいながら育っていく未熟な存在といえます。そのため，乳幼児が温かい愛情に包まれた環境の中で，養育してくれる人との愛着関係を築き，情緒を安定させながら身体諸機能の発達が促されるとともに，人と関わる力を育み，心身ともに健

　世界保健機関（WHO）憲章

1946年，ニューヨークで開かれた国際保健会議が採択した世界保健機関憲章（1948年4月7日発効）によって設立された。「すべての人民が可能な最高の健康水準に到達すること」（世界保健機関憲章第1条）を目的に掲げている。

康に育っていくようにすることが重要です。

3 ▶ 乳幼児の健康の課題

　2005（平成17）年の**中央教育審議会**の「子どもを取り巻く環境の変化を踏まえた今後の幼児教育の在り方について（答申）」では，少子化，核家族化，都市化，情報化社会など急激な変化に伴い，人間関係の希薄化，地域における地縁的なつながりの希薄化，過度な経済性や効率化を重視する傾向，大人優先の社会風潮などの状況が指摘されました。また，子育て家庭の現状としては，子どもにどのように関わっていけばよいかわからず悩み，孤独感を募らせて情緒が不安定になっている親，効率的でも楽でもなく思うようにならないことが多い子育てにストレスを感じている親が増えています。そのため，子育ての孤立化による親の育児不安や情緒不安定，子育てに夢を抱きづらい状況・意識，過度な労働などの子育てへの影響が考えられています。

　このような状況の中，現代の子どもたちの育ちとして，基本的な生活習慣や態度が身に付いていない，体力・運動能力の低下，夜型の生活による意欲減退，アレルギー，生活習慣病の若年化等の課題が指摘されています。人間が人間らしく健康的な生活を営むためには，規則正しい生活を送ることが大切であり，特に，乳幼児期の心の安定や生活習慣の形成，体を動かす心地よさを味わう等は，生涯にわたっての健康な生活の基礎となる重要なものです。

4 ▶ 教育・保育の基本と領域「健康」

　乳幼児期は，心身の発達が最も著しい時期であり，生涯にわたって健康で安全な生活を営む基盤を習得し，社会に適応する能力を身に付けていく上で大切な時期です。ここでは，乳幼児期の教育・保育として共通する基本的理念について考えていきます。

①信頼関係を築き，情緒の安定を図る

　幼稚園・保育所・幼保連携型認定こども園等は，子どもにとって，1対1の対応で深い愛情を注がれ過ごしていた家庭から離れ，初めて社会生活を送る場であり，集団生活の始まりの場です。園の生活の中ではたくさんの子どもたちの中の一人として存在することになります。友達とけんかをしたとき，自分の思うようにできないとき，トイレを失敗したときなどどうしてよいかわからず不安になったり，泣いてしまったりします。このようなとき，「大丈夫だよ」「嫌だったね」「頑張ったね」などと思いを受け止めたり，励ましたり，抱きしめたりすることで子ども

▷5　**中央教育審議会**
文部科学省に置かれた審議会。もとは文部大臣の諮問機関。教育・学術・文化に関する重要施策につき調査・審議し，また建議する。1952（昭和27）年設置。

は安心感を得ていきます。子どもにとって保育者は「いつも見ていてくれる」「何かあったら助けてくれる」「一緒に遊びたい」などの気持ちを寄せる存在となります。そして，保育者に自分の存在を受け止められていると感じると，安心して身の回りの環境や友達と関わり始めていきます。保育者が，子どもとの信頼関係を築き，情緒の安定を図ることで，一人一人の子どもは自己を十分に発揮して伸び伸びと行動し，楽しい遊びや生活を展開していくようになります。

②環境を通して行う教育・保育による健康・安全な生活

　乳幼児期の教育・保育は，乳幼児期の特性を踏まえ，環境を通して行うことを基本としています。

　乳幼児期は，身近な環境から刺激を受け，自分の興味・関心に基づいて自ら環境に働きかけて，遊びを楽しみじっくり取り組む中で，多くの体験を通して充実感や満足感を味わっていきます。その過程で身体諸機能の発達が促されたり，様々な事柄を認知したり，人と関わる力等の社会性の発達が促されたりして，人格形成の基礎となる心情・意欲・態度などが育まれていきます。

　保育者には，子どもの実態を捉え，環境の中に教育的価値を含ませながら，計画的に環境を構成していくことが求められます。この際の保育者によって構成された環境は，子どもの活動や経験に大きな影響を与えていくということを常に念頭に置いて保育を行うことが重要です。特に，子どもたちが健康・安全な生活を送ることができるように，衛生面や安全面に配慮した保育環境を整えるとともに，子どもの生活リズムに合わせた遊び，休息，食事，睡眠など，日々環境を整えていくことが大切です。

③乳幼児期にふさわしい生活

　幼稚園・保育所・幼保連携型認定こども園等における教育・保育において乳幼児期にふさわしい生活を展開することが重視されています。乳幼児期にふさわしい生活とは，保育者との信頼関係に支えられた生活，心身の発達に適した生活，興味や関心に基づいた直接的な体験が得られる生活，人と十分に関わって展開する生活です。特に乳幼児期は食事や排泄，睡眠，清潔，着脱衣などの基本的な生活習慣が次第に自立していく時期です。また，言葉の発達が促され，言葉を用いてのコミュニケーションが上手になる時期です。さらに，体を動かす楽しさを知り，友達と一緒に遊ぶ楽しさを実感し遊びの中で達成感や満足感等を味わう時期です。集団生活の中で子どもが一人の人間として生きていくために必要な基盤となる生活習慣や言葉，友達との関係などを遊びや生活を通して

体験し学ぶことができるように，乳幼児期にふさわしい生活を展開することが大切です。

④遊びを通しての総合的な教育・保育

　乳幼児期の生活のほとんどは，遊びによって占められています。子どもは遊びの中で，様々な体験を重ねていくことで，諸側面の発達が促され，心身の調和がとれた発達をしていきます。

　砂遊びが大好きな子どもたちは，砂場で砂や水，自らの手やシャベルやスコップ，ビールケース，ヒューム管や樋等を使い，川をつくったり山をつくったりして友達と一緒に遊びます。子どもたちは砂と水の感触を味わい，それぞれの性質を知ること，川や山をつくるために身近にある道具を用途に応じ使うこと，友達同士でイメージを実現するために思考を巡らし試行錯誤すること等をしながら，遊びを楽しみ多くのことを学んでいきます。

　この砂遊びを5領域から捉えてみると，砂場で砂や水，様々な道具を使って川や山をつくろうという子どもたちの課題は領域「環境」・「表現」，友達と考えを出し合い協力して遊ぶことは領域「人間関係」・「言葉」，砂遊びの中で心と体を動かし伸び伸びと取り組むことは領域「健康」の側面に該当します。このように遊びの中には，複数の教育内容が含まれており，それぞれが関連し合って子どもたちの成長を育んでいくため，遊びを通して総合的に指導していくことが求められます。保育者は，一人一人の子どもが遊びの中で何を経験しているのかを的確に把握し，その内容がどのように発達に関わっていくのかを十分に理解し，さらにどのような経験が必要であるのか，そのためにどのように援助するかを考えていくことが必要です。

⑤一人一人の発達の特性に応じた指導

　子どもの発達の姿は，大筋でみればどの子どもも共通した過程をたどると考えられています。しかしその様子は，心身の諸側面が相互に関連し合って多様な経過をたどっていき，同年齢の子どもであっても，生来の気質，月齢の差，家庭環境等の成育歴，興味・関心等により様々です。保育者は一人一人の子どもの発達の姿を把握していくことが重要です。

　園庭で花壇の中やプランターを動かしてダンゴムシ集めをしている子どもたち。「あ，いた，いた」と大きな声を出して見つけたことを喜び捕まえて

自分のカップに入れ次々と捕ることを楽しむ子ども，自分の手のひらに乗せ指で触って丸くなったダンゴムシをじっと見ている子ども，保育者や友達のそばで少し遠巻きにして見ている子どもなど様々な姿を見せます。

　一見すると同じような活動をしているようでも，その活動が一人一人の子どもの発達にとってもつ意味は違います。保育者は，その子らしい見方，考え方，感じ方，関わり方など，一人一人の発達の特性を理解してそれぞれの思いに寄り添い，気持ちや欲求，興味・関心等，内面を読み解き理解する中で，その子どもの発達にとってどのような経験が必要であるかを判断し援助することが求められます。また，幼児が集団で生活しながら互いに影響し合うことを通して，一人一人の発達が促されるようにしていく必要があり，保育者は，子どもの行動に温かい関心を寄せ，心の動きに応答することが重要です。それぞれの子どもの行動の仕方や考え方などに表れたその子らしさを大切にしながらよさを発揮しつつ，育っていく過程，プロセスを重視していくことが求められます。

⑥養護と教育を一体的に行う

　保育所保育指針第1章1(1)「保育所の役割」には，養護と教育の一体性が述べられています。養護とは，「子どもの生命の保持及び情緒の安定を図るために保育士等が行う援助や関わり」のことです。

　養護と教育を一体的に行うとは，子どもたちが，安心して，安全に過ごせる場所や環境づくりに配慮しながら，子どもの主体的な経験を通して，感情の動き，人との関わり，道具の使い方，自我や態度の育ち，言葉の発達，運動能力の獲得等を育むことを意味しています。保育士等は，子どもたちが自分らしさを発揮しながら心豊かに育つために一人一人を深く愛し，守り，支えていくことが重要です。

2．幼児教育において育みたい資質・能力及び「幼児期の終わりまでに育ってほしい姿」

①幼児教育において育みたい資質・能力

　2018（平成30）年施行の幼稚園教育要領・保育所保育指針・幼保連携型認定こども園教育・保育要領では，「生きる力」を育むために**幼児教育で育みたい資質・能力**として，「知識及び技能の基礎」「思考力，判断

▷6　幼児教育で育みたい資質・能力
・豊かな体験を通じて，感じたり，気付いたり，わかったり，できるようになったりする「知識及び技能の基礎」
・気付いたことや，できるようになったことなどを使い，考えたり，試したり，工夫したり，表現したりする「思考力，判断力，表現力等の基礎」
・心情，意欲，態度が育つ中で，よりよい生活を営もうとする「学びに向かう力，人間性等」

力，表現力等の基礎」「学びに向かう力，人間性等」の３つが示されました。この３つの資質・能力は，これまでの幼稚園教育要領で規定されてきた５領域「健康」「人間関係」「環境」「言葉」「表現」に基づく遊びを中心とした活動全体を通じて育まれていくものです。

　実際の指導場面においては，それぞれを個別に取り出して指導するのではなく，遊びを通した総合的な指導の中で一体的に育むように努めることが重要です。

②幼児期の終わりまでに育ってほしい姿

　幼児期の終わりまでに育ってほしい姿は，到達すべき目標ではなく，３歳児，４歳児，５歳児それぞれの時期において幼児が到達していく方向を示したものです。また，小学校との連携では，この10の姿を共有していくことで教育活動を円滑にしていくとともに，互いの教育のあり方について保育者同士が理解したり，幼児の理解を深めたりしていくようにすることが重要です。

　以下の10項目が，幼児期の終わりまでに育ってほしい具体的な姿です。
・健康な心と体　・自立心　・協同性　・道徳性・規範意識の芽生え　・社会生活との関わり　・思考力の芽生え　・自然との関わり・生命尊重　・数量や図形，標識や文字などへの関心・感覚　・言葉による伝え合い　・豊かな感性と表現

3．領域「健康」のねらいと内容

　時代とともに核家族化や少子化が進み，人の暮らしも大きく変化する中，世界的な IT（Information Technology）の進化とともに，情報社会といわれるほど，国と国との間を情報と人がさかんに行き交う時代を迎えています。こうした中，乳幼児を取り巻く社会も，様々な変化が起こり，2017年３月31日，幼稚園教育要領・保育所保育指針・幼保連携型認定こども園教育・保育要領が同時に改訂（改定）されました。今までの保育・教育のよさを踏襲しつつ，より発展させていくために，０歳から18歳までの保育・教育として「資質と能力」の育成を打ち出し，共通性を高め取り組むことになりました。保育所保育は，保育を必要とする子どもを預かる施設であることは今まで通りですが，保育の中に教育的要素を取り入れ保育することとなりました。

　そこで，今後の幼児教育に対する社会的資本として多くの税金を投入し，2019年10月から「幼児教育の無償化」がスタートしました。そのため，幼児教育は，多くの費用が国民の税金によってまかなわれることか

ら，保育者の資質・技能の実質的成果が求められることとなり，幼稚園教育の教育課程や指導計画，保育所保育の全体的な計画という計画から実行・評価・課題抽出など，保育・教育に対するエビデンス（証拠）が重要視されることとなりました。そこで，ここでは，乳児から幼児までの保育・教育について，国が法的に定めているそれぞれの要領と全体的な計画について解説します。

1 ▶ 乳児保育に関わるねらいと内容

　乳児期の保育は，主として保育所と幼保連携型認定こども園の施設で，保育所保育指針と幼保連携型認定こども園教育・保育要領によって行われています。

　今までの保育では，「安全に子どもを見ていれば」という安全と養護を大切に保育してきました。しかし最近の研究では，赤ちゃんが目で追う行動や，ハイハイできるようになると思いを巡らせ身近なものを手に取るなど，欲求を保育者に求める行動などから，認識能力の高さが指摘されています。こうした応答性や欲求行動など乳児期の発達を捉え直すと，０歳からの教育の重要性がみえてきます。そこで，今回の改訂（改定）では，乳児期の発達の特徴を踏まえて，「ねらい」と「内容」について３つの視点から，保育・教育をしていくことになりました。

　①　身体的発達に関する視点から「健やかに伸び伸びと育つ」
　②　社会的発達に関する視点から「身近な人と気持ちが通じ合う」
　③　精神的発達に関する視点から「身近なものと関わり感性が育つ」

　これらの視点の中に，それぞれ「ねらい」を示し，経験すべき方向性として「内容」を挙げています。

　それでは，この３つの視点から示される「ねらい」と「内容」について解説します。

保育所保育指針　第２章　保育の内容　１　乳児保育に関わるねらい及び内容　（2）ねらい及び内容

ア　健やかに伸び伸びと育つ

　　健康な心と体を育て，自ら健康で安全な生活をつくり出す力の基盤を培う。

　（ア）ねらい

　　①　身体感覚が育ち，快適な環境に心地よさを感じる。

　　②　伸び伸びと体を動かし，はう，歩くなどの運動をしようとする。

　　③　食事，睡眠等の生活のリズムの感覚が芽生える。

○身体感覚とは，広義の触に相当し，五感のうち，視，聴，味，嗅以外の感覚全てを指します。心と身体の相互が密接な関係にあることを踏まえて，乳児にとって，衛生的で安全な温かな環境を整え，快適に安心できる空間の中で生活していくことが大切です。そのためには空調や湿度，視覚的色彩など，乳児が安心して過ごせるような環境を構成することが求められます。

○伸び伸びと体を動かすとは，乳児は，生活の大半を，床と身体を接触させながら生活します。そのため，生後5か月頃になると，一人座りができるようになり，周囲のものや人に強く関心を示すようになります。そして，次第にハイハイをしたり，つかまり立ちをしたりしながら，一人歩行ができるようになってきます。この時期は，大人たちの介助と自力による移動や行動がみられます。そのため，関わる保育士との信頼関係は重要です。乳児の欲求に対して，素早く対応し，欲求を満たしてあげることで，心置きなく，移動や行動ができるようになります。乳児は，言葉での応答が難しく，ほとんどが，泣く，喃語を発する時期のため，表情や動き，手振りなどを通して，欲求に対して優しく，丁寧に素早く対応してもらう経験がその後の発達をスムーズにしていきます。

○生活リズムを整えた生活を維持するには，食事の回数や間隔を中心とする一定の生活のリズムが大切です。乳児は，3か月頃まで，食事間隔が3時間といわれています。それぞれの成長時期に合わせた食事を提供することは，身体的発育・発達を助長する意味からも大切です。乳児の身体の発達に合わせた食事は体内に取り込む栄養の吸収にも影響することから，食事は大変重要な関わりとされています。

　発育・発達を大きく左右することから，生活リズムを整えるために保育士は，楽しく食事ができるよう，食事のペースや味わいに共感しながら，ゆっくりと時間をかけて食事を提供することが大切です。生活のリズムは，健康を維持するために，人間にとって不可欠なものであり，大人も子どもも一日の生活の流れが安定していることが，精神的にも生活の安定度を高くします。

　このねらいを実現するために，保育士は以下の内容を意識しながら，乳児が生活の中で十分に経験を重ねていくことができるようにしていくことが大切です。

(ｲ)　内　容

　　①　保育士等の愛情豊かな受容の下で，生理的・心理的欲求を満たし，心地よく生活をする。

　　②　一人一人の発育に応じて，はう，立つ，歩くなど，十分に体を動かす。

　　③　個人差に応じて授乳を行い，離乳を進めていく中で，様々な食品に少しずつ慣れ，食べることを楽しむ。

　　④　一人一人の生活のリズムに応じて，安全な環境の下で十分に午睡をする。

　　⑤　おむつ交換や衣服の着脱などを通じて，清潔になることの心地よさを感じる。

　(ｳ)　内容の取扱い

　　上記の取扱いに当たっては，次の事項に留意する必要がある。

　　①　心と体の健康は，相互に密接な関連があるものであることを踏まえ，温かい触れ合いの中で，心と体の発達を促すこと。特に，寝返り，お座り，はいはい，つかまり立ち，伝い歩きなど，発育に応じて，遊びの中で体を動かす機会を十分に確保し，自ら体を動かそうとする意欲が育つようにすること。

　　②　健康な心と体を育てるためには望ましい食習慣の形成が重要であることを踏まえ，離乳食が完了期へと徐々に移行する中で，様々な食品に慣れるようにするとともに，和やかな雰囲気の中で食べる喜びや楽しさを味わい，進んで食べようとする気持ちが育つようにすること。なお，食物アレルギーのある子どもへの対応については，嘱託医等の指示や協力の下に適切に対応すること。

イ　身近な人と気持ちが通じ合う

　　受容的・応答的な関わりの下で，何かを伝えようとする意欲や身近な大人との信頼関係を育て，人と関わる力の基礎を培う。

　(ｱ)　ねらい

　　①　安心できる関係の下で，身近な人と共に過ごす喜びを感じる。

　　②　体の動きや表情，発声等により，保育士等と気持ちを通わせようとする。

　　③　身近な人と親しみ，関わりを深め，愛情や信頼感が芽生える。

○安心できる環境の下とは，優しく語りかける言葉や微笑み，乳児に触れる際にも，自分の心の温かさを伝えるような接触が，その子との信頼関係を生み出します。つまり，ゆったりとした生活の流れの中で，保育士が丁寧に関わることが，乳児の身近な人と過ごす喜びにつながります。

○保育士や周囲の人に対して，乳児は，心地よい気持ちを体や発声などで伝えようとしてきます。また，保育士を視線や行動で後追いし自己の欲求を伝えようとします。このようなとき，乳児の欲求に素早く応えていくことが，その乳児との信頼関係に結び付きます。

○こうして，日々関わりを深めていくことで，信頼関係が次第に強まり，乳児の心と体は，健やかに成長を遂げていくことができます。

　こうしたことを踏まえて以下の内容を経験していくことが大切です。

　㋑　内　容
　　①　子どもからの働きかけを踏まえた，応答的な触れ合いや言葉がけによって，欲求が満たされ，安定感をもって過ごす。
　　②　体の動きや表情，発声，喃語等を優しく受け止めてもらい，保育士等とのやり取りを楽しむ。
　　③　生活や遊びの中で，自分の身近な人の存在に気付き，親しみの気持ちを表す。
　　④　保育士等による語りかけや歌いかけ，発声や喃語等への応答を通じて，言葉の理解や発語の意欲が育つ。
　　⑤　温かく，受容的な関わりを通じて，自分を肯定する気持ちが芽生える。
　㋒　内容の取扱い
　　　上記の取扱いに当たっては，次の事項に留意する必要がある。
　　①　保育士等との信頼関係に支えられて生活を確立していくことが人と関わる基盤となることを考慮して，子どもの多様な感情を受け止め，温かく受容的・応答的に関わり，一人一人に応じた適切な援助を行うようにすること。
　　②　身近な人に親しみをもって接し，自分の感情などを表し，それに相手が応答する言葉を聞くことを通して，次第に言葉が獲得されていくことを考慮して，楽しい雰囲気の中での保育士等との関わり合いを大切にし，ゆっくりと優しく話しかけるなど，積極的に言葉のやり取りを楽しむことができるようにすること。

ウ　身近なものと関わり感性が育つ

　　身近な環境に興味や好奇心をもって関わり，感じたことや考え
　たことを表現する力の基盤を培う。

　㋐　ねらい

　　①　身の回りのものに親しみ，様々なものに興味や関心をもつ。

　　②　見る，触れる，探索するなど，身近な環境に自分から関わ
　　　ろうとする。

　　③　身体の諸感覚による認識が豊かになり，表情や手足，体の
　　　動き等で表現する。

○身の回りのものとは，乳児の周囲に存在する全ての環境を意味します。
　最も大切とされる環境として，見えたり，手にできる距離や場所に乳
　児に合った玩具（大きさ，材質，塗料など口に入れても安全なもの）を用
　意しておいたりすることが大切です。

○玩具類に直接触れたり，音を出したり，口に入れたりしながら，感覚
　を身に付けていきます。乳児にとって，特に注意しなくてはならない
　ものとしては，口の中に入る大きさのもの，棒状のもの，持ちにくい
　もの，重量のあるものです。これらは，乳児には危険物であり，安全
　上ふさわしくありません。

○乳児の身体的発達としては，物を介して，手の動きや指の動き，ハイ
　ハイからつかまり立ち，そして一人歩行など，自己の欲求や好奇心に
　合わせて，自発行動が大きくなってきます。それに伴い，身体の諸機
　能が統合され，より豊かな心と体が調和され行動力が育っていきます。

　㋑　内　容

　　①　身近な生活用具，玩具や絵本などが用意された中で，身の
　　　回りのものに対する興味や好奇心をもつ。

　　②　生活や遊びの中で様々なものに触れ，音，形，色，手触り
　　　などに気付き，感覚の働きを豊かにする。

　　③　保育士等と一緒に様々な色彩や形のものや絵本などを見る。

　　④　玩具や身の回りのものを，つまむ，つかむ，たたく，引っ
　　　張るなど，手や指を使って遊ぶ。

　　⑤　保育士等のあやし遊びに機嫌よく応じたり，歌やリズムに
　　　合わせて手足や体を動かして楽しんだりする。

　㋒　内容の取扱い

　　　上記の取扱いに当たっては，次の事項に留意する必要がある。

① 玩具などは，音質，形，色，大きさなど子どもの発達状態に応じて適切なものを選び，その時々の子どもの興味や関心を踏まえるなど，遊びを通して感覚の発達が促されるものとなるように工夫すること。なお，安全な環境の下で，子どもが探索意欲を満たして自由に遊べるよう，身の回りのものについては，常に十分な点検を行うこと。

② 乳児期においては，表情，発声，体の動きなどで，感情を表現することが多いことから，これらの表現しようとする意欲を積極的に受け止めて，子どもが様々な活動を楽しむことを通して表現が豊かになるようにすること。

2 ▶ 1歳以上3歳未満児の保育に関わるねらい及び内容

　1歳からの保育は，3歳以上の5領域と同じように編成され，経験すべき内容（経験すべき方向性）が，35項目となっています。それでは，この年齢におけるねらいと内容について解説します。

保育所保育指針　第2章　保育の内容　2　1歳以上3歳未満児の保育に関わるねらい及び内容　(2)　ねらい及び内容

ア　健　康
　健康な心と体を育て，自ら健康で安全な生活をつくり出す力を養う。
　(ア)　ねらい
　① 明るく伸び伸びと生活し，自分から体を動かすことを楽しむ。
　② 自分の体を十分に動かし，様々な動きをしようとする。
　③ 健康，安全な生活に必要な習慣に気付き，自分でしてみようとする気持ちが育つ。

　1歳児以上の保育では，心身ともに急速に発達を遂げていく中で，「心と体」の育成に特別な配慮が求められています。つまり，養護を軸とし，安全な環境下で，生活を進めていく力を育てることを意図しています。

　その具体的なねらいとして3点を挙げています。①では，安心感のある安定した環境下で，自ら身体を動かし，ときには，周囲への欲求を求めたりする能動的な力が培えるように保育士の関わりを求めています。②では，自己の好奇心や興味・欲求に向けて，自らつかまり立ちをした

り，自立歩行したりしながら，自己の欲求を満たそうとする動きに対して，その欲求を理解し思いを遂げようとすることに十分対応していくことを求めています。③では，保育士との関わりを通して，安全な行動を模倣しながら，基本的な生活習慣を身に付けようとする行為を保育士が丁寧に認め，自発的行動を支えていくことを求めています。これらのねらいを実現するために，次の7つの内容を保育の中で経験していくこと（経験すべき方向性）として挙げています。

（イ）内　容
① 保育士等の愛情豊かな受容の下で，安定感をもって生活をする。
② 食事や午睡，遊びと休息など，保育所における生活のリズムが形成される。
③ 走る，跳ぶ，登る，押す，引っ張るなど全身を使う遊びを楽しむ。
④ 様々な食品や調理形態に慣れ，ゆったりとした雰囲気の中で食事や間食を楽しむ。
⑤ 身の回りを清潔に保つ心地よさを感じ，その習慣が少しずつ身に付く。
⑥ 保育士等の助けを借りながら，衣類の着脱を自分でしようとする。
⑦ 便器での排泄に慣れ，自分で排泄ができるようになる。

　これらの内容を経験するためには，一人一人の発達過程や状況を十分に踏まえ，生育歴，心身の発達，活動の実態等に即して，個別的な計画を作成し保育することとしています。その際，次の事項に留意することが大切としています。

（ウ）内容の取扱い
　上記の取扱いに当たっては，次の事項に留意する必要がある。
① 心と体の健康は，相互に密接な関連があるものであることを踏まえ，子どもの気持ちに配慮した温かい触れ合いの中で，心と体の発達を促すこと。特に，一人一人の発育に応じて，体を動かす機会を十分に確保し，自ら体を動かそうとする意欲が育つようにすること。
② 健康な心と体を育てるためには望ましい食習慣の形成が重要であることを踏まえ，ゆったりとした雰囲気の中で食べる

喜びや楽しさを味わい，進んで食べようとする気持ちが育つ
ようにすること。なお，食物アレルギーのある子どもへの対
応については，嘱託医等の指示や協力の下に適切に対応する
こと。

③　排泄（せつ）の習慣については，一人一人の排尿間隔等を踏まえ，
おむつが汚れていないときに便器に座らせるなどにより，少
しずつ慣れさせるようにすること。

④　食事，排泄（せつ），睡眠，衣類の着脱，身の回りを清潔にするこ
となど，生活に必要な基本的な習慣については，一人一人の
状態に応じ，落ち着いた雰囲気の中で行うようにし，子ども
が自分でしようとする気持ちを尊重すること。また，基本的
な生活習慣の形成に当たっては，家庭での生活経験に配慮し，
家庭との適切な連携の下で行うようにすること。

3　3歳以上児の保育に関するねらい及び内容

　2017年に改訂（改定）された，幼稚園教育要領・保育所保育指針・幼
保連携型認定こども園教育・保育要領の3歳以上児については，教育と
して法的に共通化されました。保育所に通う子どもたちにとっても，教
育的要素を学ぶ機会が保障されることとなりました。

　ここでは，3歳以上児の5領域で編成されている中の「健康」に関す
る事項について解説します。今回の改訂（改定）では，乳幼児期教育の
重要性が法的に認知され，特に幼稚園教育要領の総則の内容が改められ
ました。幼稚園教育要領の第1章総則の第2において，満3歳から就学
前までに実現したい姿として，「資質・能力」の育成が明確に示されま
した。そして，その過程における幼児期では，小学校就学前の姿として
「幼児期の終わりまでに育ってほしい姿」として10項目を小学校との接
続のワードとして示しています。

　この10の姿は，3歳以上児においては，幼稚園・保育所・幼保連携型
認定こども園ともに共通であり，5歳児後半から顕著に捉えることので
きる姿とされています。

　特に注意することは，この姿は，卒園時に目標とされるものではあり
ません。あくまで一人一人の子どもが，自ら主体的に行動しているとき
に捉えることのできる姿であり，この姿を育てるための目標とするもの
ではありません。

幼稚園教育要領　第2章　ねらい及び内容
健　康
〔健康な心と体を育て，自ら健康で安全な生活をつくり出す力を養う。〕

1　ねらい
(1)　明るく伸び伸びと行動し，充実感を味わう。
(2)　自分の体を十分に動かし，進んで運動しようとする。
(3)　健康，安全な生活に必要な習慣や態度を身に付け，見通しをもって行動する。

○明るく伸び伸びと行動するとは，前述から何度も出てくるワードとして挙げている安心感・安定感が，子どもの内面に育ちもったときにみられる姿です。この安心感・安定感は，やがて保育者との信頼関係につながっていくものです。そして充実感とは，一人一人が自発的主体的に行動することで，その子ども自身が，自己の目的を成し遂げたときに起こる感情であり，自立心にもつながっていきます。

○十分に体を動かすとは，子どもは，まずじっとしていることはほとんどありません。保育者や周囲の人の制止によってじっとすることはあるものの，普段の遊びの中では，どの子どもも，ほとんど体を使って遊んでいます。ここでいう体を十分に動かすということの意味は，遊びの中で，高さのある遊びや体支持感覚を使った遊び，瞬発力を使った遊びなど，全身の諸機能を使って遊ぶことのできる遊びを指します。つまり遊びの面白さから，挑戦心がわき，繰り返し体験していく中で，技術・技能が自然と習得され，習熟していくことで，自ら進んで運動してみようとする姿を指します。

○生活習慣の形成は，自我の発達過程の中で，相手のする行為に強い興味を示したり，模倣したりする2歳を迎えた頃から始めることが大切です。3歳になると2歳で経験してきた習慣を，集団の中で繰り返し経験しながら身に付けていくものです。

　このような点に留意し，以下の内容を3年間かけて経験させていくことが重要です。その結果，「幼児期の終わりまでに育ってほしい姿」とされる10項目，つまり，①健康な心と体，②自立心，③協同性，④道徳性・規範意識の芽生え，⑤社会生活との関わりなどが次第に培われ，5歳児の後半に，心と体が統合される時期を迎えるにつれて，顕著な姿として捉えることができます。

2　内容

(1)　先生や友達と触れ合い，安定感をもって行動する。

(2)　いろいろな遊びの中で十分に体を動かす。

(3)　進んで戸外で遊ぶ。

(4)　様々な活動に親しみ，楽しんで取り組む。

(5)　先生や友達と食べることを楽しみ，食べ物への興味や関心をもつ。

(6)　健康な生活のリズムを身に付ける。

(7)　身の回りを清潔にし，衣服の着脱，食事，排泄などの生活に必要な活動を自分でする。

(8)　幼稚園における生活の仕方を知り，自分たちで生活の場を整えながら見通しをもって行動する。

(9)　自分の健康に関心をもち，病気の予防などに必要な活動を進んで行う。

(10)　危険な場所，危険な遊び方，災害時などの行動の仕方が分かり，安全に気を付けて行動する。

3　内容の取扱い

上記の取扱いに当たっては，次の事項に留意する必要がある。

(1)　心と体の健康は，相互に密接な関連があるものであることを踏まえ，幼児が教師や他の幼児との温かい触れ合いの中で自己の存在感や充実感を味わうことなどを基盤として，しなやかな心と体の発達を促すこと。特に，十分に体を動かす気持ちよさを体験し，自ら体を動かそうとする意欲が育つようにすること。

(2)　様々な遊びの中で，幼児が興味や関心，能力に応じて全身を使って活動することにより，体を動かす楽しさを味わい，自分の体を大切にしようとする気持ちが育つようにすること。その際，多様な動きを経験する中で，体の動きを調整するようにすること。

(3)　自然の中で伸び伸びと体を動かして遊ぶことにより，体の諸機能の発達が促されることに留意し，幼児の興味や関心が戸外にも向くようにすること。その際，幼児の動線に配慮した園庭や遊具の配置などを工夫すること。

(4)　健康な心と体を育てるためには食育を通じた望ましい食習慣の形成が大切であることを踏まえ，幼児の食生活の実情に

配慮し，和やかな雰囲気の中で教師や他の幼児と食べる喜び
や楽しさを味わったり，様々な食べ物への興味や関心をもっ
たりするなどし，食の大切さに気付き，進んで食べようとす
る気持ちが育つようにすること。

(5) 基本的な生活習慣の形成に当たっては，家庭での生活経験
に配慮し，幼児の自立心を育て，幼児が他の幼児と関わりな
がら主体的な活動を展開する中で，生活に必要な習慣を身に
付け，次第に見通しをもって行動できるようにすること。

(6) 安全に関する指導に当たっては，情緒の安定を図り，遊び
を通して安全についての構えを身に付け，危険な場所や事物
などが分かり，安全についての理解を深めるようにすること。
また，交通安全の習慣を身に付けるようにするとともに，避
難訓練などを通して，災害などの緊急時に適切な行動がとれ
るようにすること。

　2018年の『保育所保育指針解説』の中にもあるように，乳児から2歳
児まではきわめて重要な時期であり「生涯の学びの出発点」とし，0歳
からの保育・教育の連続性を重視していくこととなりました。つまり，
今までの3歳以上の教育だけではなく，0歳からの教育の重要性を示し
ています。そもそも5領域の構成順として，健康が最も上位に示されて
いるということは，人が人として，社会参加し生き抜く力は，この幼児
期の心と体の育ちによるところが大きいことを示しており，養育者や保
育者には，まず，生命の維持と安全な保育の確保が求められています。
今回の改定で示されている保育の「ねらい」「内容」「内容の取扱い」が，
0歳から1歳未満児，1歳以上3歳未満児，3歳以上児に分けられてい
るのは，健康・安全な保育を前提に，健やかな育ちを願うからです。全
ての教育は，安全で健康な心身の発達から始まります。

参考文献

厚生労働省（2018）『保育所保育指針解説』フレーベル館。
汐見稔幸・無藤隆監修（2018）『〈平成30年施行〉保育所保育指針　幼稚園教育
　　要領　幼保連携型認定こども園教育・保育要領　解説とポイント』ミネル
　　ヴァ書房。
内閣府・文部科学省・厚生労働省（2018）『幼保連携型認定こども園教育・保
　　育要領解説』フレーベル館。
文部科学省（2018）『幼稚園教育要領解説』フレーベル館。

第**2**章
....

乳幼児期の発育・発達と健康

・・・

　ヒトの体は，成長過程において各器官がそれぞれ特徴をもって変化していきます。体の形や大きさが量的に増大する「発育」と，それぞれの機能の巧みさが質的に向上していく「発達」に分けて考えることができます。ここでは，子どもの発育・発達の特徴について学びます。

1．体の形態的発育

1▶　体の器官

　ヒトの脳，神経系の器官は乳児期から急成長し，幼児期に入っても引き続き著しく変化し，発達していきます。また，内臓諸器官については，**胎芽期**後期にはすでに形成されており，胎盤を通して循環，呼吸，消化，排泄の機能が働き始め，**胎児期**[1]には器官の機能分化の基礎がつくられ，ヒトとしての形態が整えられてきます。このように，体の諸器官については発育・発達の特徴があります。

①呼吸・循環機能

　ヒトは，生きていくために必要な酸素を取り入れ，生じた二酸化炭素をはき出すために呼吸をします。この基本的な生理作用を，循環器との緊密な相互作用によって調整しているのが肺や心臓などの呼吸器です。

　肺の重量は，1歳児で新生児期の2倍，6歳児で4倍，成人で20倍にもなります（図2-1）。呼吸数は，新生児で毎分約40〜50回，幼児で約20回，成人で約16回と減少していきます。

　心臓の重量は，1歳児で新生児期の約2倍，6歳児で約4倍，成人で約10倍にもなります（図2-1）。特に男子では10歳頃から発育が加速し，男子で17〜18歳頃，女子で13〜14歳頃まで増加が続きます。心拍数は，新生児で毎分約120〜140回，幼児で約100回，成人では約70回と減少していきます。

　幼児期は，呼吸・循環器系は未発達なため，長時間の運動は大人が考える以上に厳しいものとなります。

②消化・排泄機能

　消化器とは，食物を体内に摂取し，消化し，消化された食物からの栄養素を吸収し，不要物を体外へ排出する器官です。

　乳児期の哺乳は，生得的に備わった哺乳反射により行われますが，4

▷1　胎芽期・胎児期
胎芽期は妊娠2か月（8週）まで，胎児期は妊娠3か月（9週）から10か月（40週）までをいう。

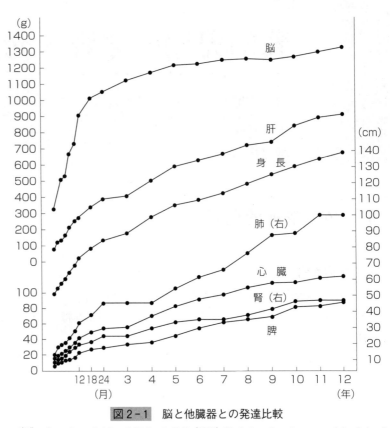

図2-1 脳と他臓器との発達比較

出典：Coppoletta, J. M. and Wolbach, S. B. (1933) "Body length and organ weights," *Am J Pathol*, 9, pp. 55-70 より訳出。

〜5か月後には消失します。胃の重量は新生児で約8gあり，1歳児で約4倍，6歳児で約6倍，成人では約17倍になります。乳児の胃の形状は円柱状であり，加えて，食道との境の噴門部の括約筋が未発達なため，嘔吐しやすくなります。また，容量が小さいため，哺乳の回数を多くする必要があります。

　胃で消化した食物は，小腸で消化して栄養素を吸収していきます。そして，食物の残渣物（ざんさぶつ）が大腸に送られ，大腸でさらに水分が吸収され，便となって肛門から排泄（はいせつ）されます。

　排便，排尿の機能には大脳が関わっており，大脳の発達とともに自分の意思で排泄のコントロールができるようになります。また，排泄の自立には，大脳の発達の他に括約筋や膀胱の神経系，横隔膜や腹壁，腹筋などの連動が必要となります。そのため，それらがある程度発達してくる3歳後半から4歳頃が排泄の自立の目安になります。

2 身長と体重

　身長は，頭や体幹，下肢等の体の各部位の骨の長さの合計値で，体の

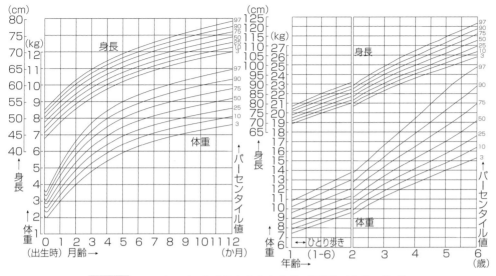

図2-2　2010年調査　乳幼児身体発育曲線（男児）（身長，体重）

出典：厚生労働省「平成22年　乳幼児身体発育調査」。

発育を理解する手がかりとなります。身長は朝が高く，夜は低くなるという日内変動があるので，測定は毎回決まった時間に行いたいものです。

　出生時の平均身長は約50 cmで，1歳で出生時の約1.5倍，4歳で約2倍，12歳で約3倍になります。

　体重は，発育の程度や疾病の有無，体力や栄養状態を知る上で重要な指標とされています。出生時の平均体重は約3000 gで，出生時の体重が2500 g未満の乳児は「低出生体重児」，1500 g未満は「極低出生体重児」，1000 g未満は「超低出生体重児」と呼びます。

　生後3か月頃になると，体重は出生時の約2倍に増加し，1歳児で約3倍，2歳児で約4倍，5歳児で約6倍にもなります。その後の体重の増加は緩やかですが，10～15歳の思春期で再び大きく増加し，16～18歳ではほぼ一定となります。

3　身体発育の評価

　乳幼児期の身体発育を知るには，身長・体重・頭囲・胸囲が指標となります。わが国では，厚生労働省が10年ごとに全国調査として乳幼児の身体発育計測を行っており，その値が発育の標準値として示されています。また，男女別に集計して曲線でグラフ化したものが「乳幼児身体発育曲線」（図2-2，2-3）で，母子健康手帳にも記載されています。健診時に測定した身長・体重を記入していくことで，子どもの成長を確認することができ，個々の子どもの発育過程が順調であるかどうかの判断

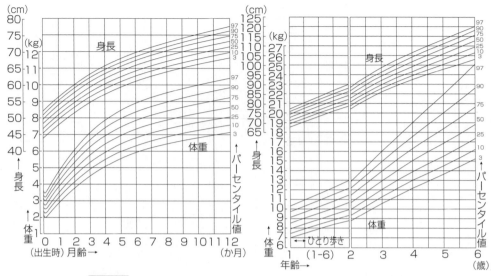

図2-3 2010年調査 乳幼児身体発育曲線（女児）（身長，体重）

出典：厚生労働省「平成22年 乳幼児身体発育調査」。

基準として役立っています。

　「乳幼児身体発育曲線」は，横断的データをパーセンタイルで表示しています（図2-2，2-3）。パーセンタイルとは，たとえば，身長の10パーセンタイル値は，調査集団100人の背の順で低い方から数えて10番目の子どもの身長という見方をする統計的表示法です。子どもの測定値をグラフにプロットすることにより，集団内での位置を知ることができます。また，年月齢ごとの計測値を記入し，つなぐことにより，子どもの発育曲線が描かれます。

4 ▶ 体格の発育

①体型指数

　身長と体重の関係を表した体型指数には，乳幼児の発育状態を表すカウプ指数（生後3か月～5歳）と児童・生徒の発育状態を表すローレル指数（6歳頃～思春期）があり，年齢により計算式が異なります。

$$\text{カウプ指数} = \frac{\text{体重（g）}}{\text{身長（cm）}^2} \times 10$$

$$\text{ローレル指数} = \frac{\text{体重（kg）}}{\text{身長（cm）}^3} \times 10^7$$

　カウプ指数は，3か月以降5歳までの乳幼児の発育状況を評価する方法です。判定（表2-1）をみると，「普通」は乳児（3か月以降）では

表2-1　カウプ指数による発育状況の判定

月齢＼カウプ指数	13	14	15	16	17	18	19	20	21
乳児(3か月〜)	やせすぎ		やせぎみ		普通		太りぎみ		太りすぎ
満1歳									
1歳6か月									
満2歳									
満3歳									
満4歳									
満5歳									

出典：今村榮一（2002）『新・育児栄養学』日本育児医事出版社，156頁。

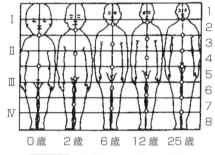

図2-4　身体各部の比率の発達

I　II　III　IV

0歳　2歳　6歳　12歳　25歳

出典：シュトラッツ，C. H.／高山洋吉訳（1978）『シュトラッツ選集 人体の自然史』西田書店，155頁（Stratz, C. H. (1922) *Naturgeschichte des Menschen*, F. Enke）。

16〜18，満1歳では15.5〜17.5，満1歳6か月，満2歳では15〜17，満3歳，満4歳，満5歳では14.5〜16.5となります。満1〜2歳頃は，まだ筋肉が発達しておらず，活動のための脂肪細胞が必要となり，丸型のふっくらとした体型になっています。満3歳以上になると，体重より身長の増加が著しくなり，細長の体型へと変化してきます。子どもの体型は個人差が大きいことを踏まえ，指数はあくまでも情報の一つとして捉えておく必要があります。

②体型の変化

　乳児期の体型は，頭や額が他の部分と比較すると特に大きく，腹の部分が特出しています。頭身比は新生児で4頭身，6歳になると6頭身，成人では7〜8頭身になります（図2-4）。乳幼児期は頭の割合が大きく，下肢と比較して胴体も大きいために重心が高くなり，転倒しやすくなります。

　脳の重さは，新生児で約400g，生後1歳半で約1000gに増加し，成人では約1400gになります。脳は体に比べ，非常に早い時期から急成長し，その重量も4歳で大人の脳の約8割まで増加します。また，脳の構造も成人に近似してきます。

5 ▶ 下肢の発育

　子どもの下肢は，生理的な発育過程があります。出生時の子どもの脚は，股関節から開いており，2歳頃まではO脚で足を揃えて立つことができません。2〜4歳頃までは，膝がやや内側を向いたX脚になり，その後，6歳頃にかけて徐々にまっすぐな脚の状態になります。

　また，身体を支える土踏まずは未完成で，歩行量の増加に伴って，足底筋群が強化され，徐々にアーチが形成されます。7歳頃には土踏まずの形成が完了しますが，近年，子どもの身体活動量の低下に伴い，土踏まずのアーチがうまく形成されない問題も指摘されています。[2] 土踏まずは，立位姿勢やバランスの保持，跳び下りの際のバネやクッションとしての役割の他，足指の可動性を増大させて転倒を防いだり，踏ん張るための脚筋力を高める等の働きがあります。また，よりよい走りや歩きを可能にするための足の裏のあおり運動に関与しています。土踏まずの形成のためにも，子どもの生活や遊びの中で，足をよく使うように意識することが大切です。

6 ▶ 骨の発育

　骨の発育は，体格を構成する重要な要素であり，筋肉の発達とも関連があります。乳幼児期の骨は，成人に比べ軟骨部分が多く，長さが増加したり硬くなったりする（骨化）等を繰り返して，身長の伸びが止まる20歳前後まで成熟していきます。

　乳幼児期の子どもの手や足の骨は，成人と比較して骨の数も少なく単純な構造であることから，動きも単純です。骨化が進み，より複雑な構造になると，複雑な動きも可能になります。また骨の成熟度（**骨年齢**）[3] は，子どもの身体全体の成熟度を表し，発育の指標となります。

　幼児期は骨化が最も盛んなため，大きな負荷や強い張力を要する運動は適していません。

7 ▶ 脊柱（背骨）の発育

　生まれて間もない乳児の脊柱は，直線状ですが，徐々に筋肉や腱が発育し，次第に弓なりに湾曲（生理的湾曲）が形成されていきます。この湾曲は，直立歩行するヒトにとって，身体を支えるために力学的に適した形とされています。脊柱の湾曲は，重力による負荷に伴って受ける様々な衝撃を吸収，分散し，頭部への刺激を和らげる役目をします。そのため，飛び降りる，走る，ジャンプする等の高度な運動が可能となります。

▷2　安部惠子ほか（2017）「0歳から12歳における子どもの土踏まずの形成と運動能力との関連性」『教育医学』63（2），167〜174頁。

▷3　骨年齢
骨の成熟の程度を年齢の単位で表したもの。

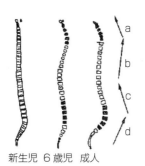

新生児　6歳児　成人

図2-5　脊柱湾曲の形成

	湾　曲	形成時期	運動機能との関係
a	頸部前湾	2～3か月	頭をもち上げる
b	胸部後湾	7～9か月	ひとり座り
c	腰部前湾	10～12か月	伝い歩き
d	仙部後湾	18か月～	歩く，走る

表2-2　脊柱湾曲の形成と運動

出典：図2-5，表2-2ともに，巷野悟郎・高橋悦二郎編（2010）『改訂保育の中の保健』萌文書林。

　脊柱の発育は，首がすわる時期には首の骨に「前カーブ」ができ，歩き始める時期には，腰の後ろにもカーブができ，成人の湾曲の土台となります。そして，徐々に湾曲を変化させS字状の脊柱湾曲を完成させます（図2-5，表2-2）。

　脊柱の正常な発達のためにも，適切な時期に運動体験を十分に行うことが大切です。

8 ▶ 歯の発育

　歯は成長に伴い，乳歯から永久歯へと成長発育段階を経て生え変わります。乳歯は20本，永久歯は28本で，17～21歳頃の第三臼歯の萌出で完了します。

　乳歯は，生後6～7か月頃から生え始めます。満1歳頃で上下4本ずつとなり，2歳半～3歳頃に20本が生え揃います。また，5～8歳には永久歯の大臼歯が生え始めます。6歳前後から12歳頃にかけて，乳歯から丈夫な永久歯への生え変わりが進み，大人の顎の大きさと筋肉の強さに適した永久歯の歯並びとかみ合わせが完成します。しかし，歯の生え方には個人差があり，生える時期も個人によって異なることを踏まえておく必要があります。

2．スキャモンの発育曲線

　乳幼児期は，発育・発達が最も著しい時期ですが，全てが一様に発育・発達していくわけではありません。発育・発達の様子を発育量として表したものに，スキャモンの臓器別発育曲線があります。これは，出生から成人（20歳）までの発育を100％とした場合に，身体や臓器の発育の特徴を，一般型・神経型・リンパ型・生殖型の4つのパターンに分

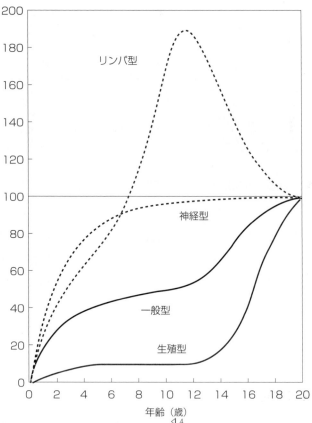

▷ 4 Scammon, R. E. (1930)
"The measurement of the body in childhood," In Harris, J. A., Jackson, C. M., Paterson, D. G. and Scammon, R. E. (Eds.), *The Measurement of Man,* Univ. of Minnesota Press.

図2-6 スキャモン（Scammon, 1930）による臓器別発育パターン
出典：松尾保編（1996）『新版小児保健医学（第5版）』日本小児医事出版社，10頁。

けて模式化し，各年齢でどの程度発育が進んでいるかが示されています（図2-6）。

①リンパ型：免疫力を向上させる胸腺，扁桃，リンパ節などのリンパ組織の発育です。出生から12，13歳までにかけて急激に発育し，成人の値を一時超えますが，思春期を過ぎると成人値に戻ります。

②神経型：脳脊髄，神経，眼球，頭囲などで，出生から5歳頃までに成人の約80％まで成長し，12歳頃までにほぼ100％まで達します。

③一般型：身長，体重，胸囲，筋肉，呼吸器，消化器，排泄器，肝臓・腎臓などの胸腹部臓器の発育を示しています。6歳児の発達は，成人の約40％にあたります。

④生殖型：男児の陰茎，睾丸，女児の卵巣，乳房，子宮などで，10～12歳頃まではわずかに成長し，その後14歳頃から急激に発育します。

演習課題

①子どもの体と大人の体とを比較して，その違いをまとめてみましょう。

②子どもの体の発育の特徴を踏まえ，保育活動の中で留意する点を考え
　てみましょう。

③子どもの身長，体重からカウプ指数を計算し，発育状況を判定してみ
　ましょう。

参考文献

安部惠子ほか（2017）「0歳から12歳における子どもの土踏まずの形成と運動
　　　能力との関連性」『教育医学』63（2），167〜174頁。

今村榮一（2002）『新・育児栄養学』日本育児医事出版社。

厚生労働省「平成22年 乳幼児身体発育調査」。

巷野悟郎・高橋悦二郎編（2010）『改訂保育の中の保健』萌文書林。

シュトラッツ，C. H.／高山洋吉訳（1978）『シュトラッツ選集 人体の自然史』
　　　西田書店，155頁（Stratz, C. H. (1922) *Naturgeschichte des Menschen*, F.
　　　Enke）。

松尾保編（1996）『新版小児保健医学（第5版）』日本小児医事出版社。

Coppoletta, J. M. and Wolbach, S. B. (1933) "Body length and organ weights,"
　　　Am J Pathol, 9, pp. 55-70.

Scammon, R. E. (1930) "The measurement of the body in childhood," In
　　　Harris, J. A., Jackson, C. M., Paterson, D. G. and Scammon, R. E. (Eds.),
　　　The Measurement of Man, Univ. of Minnesota Press.

第**3**章

乳幼児期の生活習慣と健康

この章では乳幼児の心と体の発達と基本的な生活習慣の形成の意義を学びます。乳幼児の発達段階に応じた望ましい生活習慣を形成するためには，その援助を行う保育者の関わり方や家庭との連携についても，理解を深める必要があります。

1．乳幼児期の基本的な生活習慣の形成

1　基本的な生活習慣とは

　人間が心身ともに健康で生きていくために必要な生活習慣のうち，特に生理的な営みに関わりの深い習慣が基本的な生活習慣で，睡眠，食事，排泄，衣服の着脱，清潔などが挙げられます。これらの基本的な生活習慣は「生きる力」を育む基盤でもあり，将来，社会生活を営む上で欠くことができないものです。

　幼稚園教育要領の領域「健康」では，ねらいの一つに「健康，安全な生活に必要な習慣や態度を身に付け，見通しをもって行動する[1]」とあり，また，内容(7)の中で，基本的な生活習慣を身に付けることの重要性が示されています。

2　基本的な生活習慣の形成の意義

　基本的な生活習慣では，その形成過程で，子どもが自分の身の回りのことを自分でできる「自立」と，自分で必要に気付き行動できる「自律」を育むことができます。

　自立・自律は，子どもの自己有能感を育み主体性をもって考え行動していけるための重要な育ちでもあります。単に生活に必要な技能を習得することだけではなく，なぜ行わなければならないか，その一つ一つの生活行動の意味がわかり，自分の生活に見通しをもって，自身の力で生活をつくっていこうとする力を育むことは重要です。

　また，幼稚園教育要領では，「生活に必要な行動が本当に幼児に身に付くためには，自立心とともに，自己発揮と自己抑制の調和のとれた自律性が育てられなければならない[3]」と示されています。基本的な生活習慣の形成は，自己管理能力を形成することでもあり，道徳の芽生えや社会規範の育成にもつながります。たとえば，食事の前の手洗いや遊んだ

▷1　文部科学省（2018）『幼稚園教育要領解説』フレーベル館，145頁。
▷2　▷1と同じ，153頁。

▷3　▷1と同じ，163頁。

▷4　▷1と同じ，164頁。

後の片付け，着替え等の経験を重ねることにより自己管理能力が育ち，道徳性や社会規範を身に付けていきます。

　近年，少子化による子育て世帯が減少している反面，共働き世帯は増加しており，社会で保育を担う割合が増えています。[5] 従来，個々の家庭で，しつけとして習慣づけを行ってきた基本的な生活習慣の形成は，いまや保育の現場で取り組まなければならない重要な課題となっています。

▷5　厚生労働省（2017）『平成28年版 国民生活基礎調査の概況』8頁。

3　基本的な生活習慣の形成と身体諸機能の発達

　基本的な生活習慣は，身体の諸機能や知的能力の発達に伴って形成されます。粗大運動から微細な手指の運動，目と手の協応運動，調整力，空間認知力などを，子どもが生活の中で十分に経験することが求められます。たとえば，ズボンの着用に際しては，バランス，協応性，巧緻性，身体認識力などが必要です。必要な運動機能の習得には，遊びを中心とする基本的運動動作を十分に経験することが必要です。[6]

▷6　中村和彦（2011）『運動神経がよくなる本』マキノ出版，52～130頁。

　保育所保育指針の1歳以上3歳未満児の保育に関わるねらい及び内容の基本的事項には「基本的な運動機能が次第に発達し，排泄の自立のための身体的機能も整うようになる。つまむ，めくるなどの指先の機能も発達し，食事，衣類の着脱なども，保育士等の援助の下で自分で行うようになる」[7] と発達の特徴が示されています。また，領域「健康」のねらいには，「健康，安全な生活に必要な習慣に気付き，自分でしてみようとする気持ちが育つ」[8] とあります。基本的な生活習慣の形成が本格的に始まるこの時期は，個人差が大きいことを踏まえ，子どもの発達に沿いながら，どのような運動機能が必要であるかを見極め，遊びを通して育んでいくことが大切です。

▷7　厚生労働省（2018）『保育所保育指針解説』フレーベル館，121頁。
▷8　▷7と同じ，123頁。

2．生活リズムの確立

　私たちは，起床や食事，排便，活動，休息，就寝など，覚醒から睡眠までの生活行動を毎日，周期的に行っています。そのリズムを生活リズムと呼びます。また，一日のリズムの中に体温や血圧の変化，ホルモン分泌などの生体リズムがあります。生体リズムは，脳の視交叉上核に備わっている体内時計（生体時計）によりプログラムされています。つまり，そのプログラムに沿った生活を送ることが，健康的な生活を送ることにつながるのです。

　体内時計は，地球周期の24時間より少し長い周期のため，24時間でリセットする必要があります。体内時計は視交叉上核で光を感じることで，

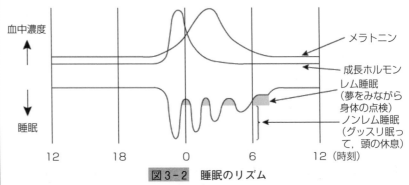

図3-1の上部ラベル：視床下部　視床　松果体　大脳　小脳　脳幹

光

しこうさじょうかく
視交叉上核

図3-1　視交叉上核

出典：東京都教育庁地域教育支援部生涯学習課 東京都生涯学習情報「早寝早起きが大切なわけ」の図より引用改変。

▷9　セロトニン
脳内の神経伝達物質で，神経活動のバランスを維持し，精神安定作用や衝動的攻撃行動抑制作用がある。リズミカルな運動（咀嚼や深呼吸，歩行など）によって分泌が高まる。朝の光を浴びての徒歩での通園は，適した通園方法といえよう。

▷10　自律神経
緊張やストレスといった状態にあるときに優位な状態にする交感神経と，休息やリラックス状態にあるとき，特に夜間や睡眠中に優位な状態にする副交感神経からなる。しかし，生活リズムが乱れると，交感神経と副交感神経のバランスが乱れ，どちらか一方だけが優位な状態が長く続くと，倦怠感や不眠，動悸や頭痛，不整脈，食欲低下といった様々な不調が生じる。

▷11　胃結腸反射
食事をして食物が胃に入ると，大腸が動き出して便が直腸に運ばれ，便意を感じることをいう。

リセットされて一定のリズムを刻みます（図3-1）。しかし，夜更かしをして明るい環境で過ごしていたり，朝寝坊をしたりするなどして，朝の光を十分キャッチできないと生体リズムがずれてしまい，体や心をよりよく発達させることができなくなります。

　朝の光には，脳内の神経伝達物質セロトニン[9]の分泌を高める働きもあります。セロトニンは生理的に朝に多く分泌され，夕方にかけて分泌が少なくなります。私たちの生命を維持するために必要な**自律神経**[10]は循環器，消化器，呼吸器などの活動を調整するための機能で，朝，副交感神経から交感神経へと働きが切り替わります。体温は，明け方に最も低い状態から上昇し，日中の活動に取り組めるようコンディションが整います。このように朝の光は，昼夜を切り替える重要なカギを握っており，昼間活動するヒトにとって非常に大切なものです。

　また，朝食にも朝の光と同様に，リセット効果があります。加えて，セロトニンは体内でつくられるものではありません。食物に含まれる必須アミノ酸であるトリプトファンが体内で分解されてセロトニンがつくられることから，食品から積極的に摂取する必要があります。バランスのよい朝食を摂取することは，セロトニンを補給するためにも大切なことです。加えて，朝食をしっかりとることは，**胃結腸反射**[11]を起こすことでもあり，朝の排便が促されます。朝，スッキリと体調を整え，日中に

図3-2のラベル：
血中濃度
睡眠
メラトニン
成長ホルモン
レム睡眠（夢をみながら身体の点検）
ノンレム睡眠（グッスリ眠って，頭の休息）
12　18　0　6　12　（時刻）

図3-2　睡眠のリズム

出典：神山潤（2003）『子どもの睡眠』芽生え社，19頁。

十分身体を動かすと快い疲れが早寝につながります。睡眠，覚醒のリズムやホルモンのリズム，体温，食事，排泄などのリズムが密接に関連し合うことで，健康的な生活リズムが形成されます（図3-2）。

しかし，近年，子どもの生活リズムは保護者の夜型生活の影響により，遅寝の傾向があります。就寝時刻の遅れは睡眠不足となり，登園までのゆとりのない時間は朝食や排便をおろそかにし，心身のウォーミングアップもできないまま登園することになります。

小学校への円滑な接続として，幼児期の終わりまでに育ってほしい姿として示された「健康な心と体」「自立心」[12]を育むために，生活リズムを整えることの重要性を保護者に伝え，理解を促したいものです。

▷12　▷1と同じ，54～57頁。

早寝，早起きでバランスのよい朝食，朝の排便，日中十分に体を動かして，お腹をすかして美味しく昼食をとり，午後の休息と活動，そして夕食，入浴，早めの就寝というように，健康的な生活リズムを日々送ることで健康的な生活習慣を身に付けることができます。

3．睡眠の自立

睡眠は食事や運動と同様に，生きていくためには欠くことができないものです。睡眠は休息とともに，脳や身体の成長，発達に関わる重要な働きがあります。寝入ってすぐの深い眠りのときに分泌される成長ホルモンは，代謝を促進し骨や筋肉の成長を促し，身体の組織を修復する作用があります。また，メラトニンは脳の松果体でつくられるホルモンで，朝の覚醒から14～16時間後に，暗くなると分泌されます。昼間，光を多く浴びると夜に分泌量が増加する一方，夜になってもテレビやゲーム機などで光刺激を受けると分泌が抑制されます。メラトニンは，眠気をもたらし，酸素の毒性から細胞を守り，性的な成熟を思春期まで抑制する等の働きがあります。特に幼児期は，「メラトニンシャワー」[13]とたとえられるほど最も多く分泌される時期です。

▷13　神山潤（2008）『睡眠の生理と臨床（改訂第2版）』診断と治療社，38頁。

質のよい睡眠は，早寝により睡眠時間を十分にとることで朝の快い起床に結び付き，健康的な生活リズムが獲得できます（図3-2）。また，睡眠習慣の形成には，快い眠りを誘うための日中の運動も重要です。日中の保育が家庭に連続しながら，子どもの健康的な生活習慣が形成されるように，家庭との連携を緊密にすることが求められます。

遅寝による睡眠不足の弊害は，注意や集中力の低下・眠気・疲れやすさなどが挙げられ，イライラ・多動・衝動行為などとして表れることもあり，肥満の危険因子になることも指摘されています[14]。

▷14　▷13と同じ，102～104頁。

成長期の子どもに必要な睡眠は，大人と同じではありません。大人の夜型生活に子どもの生活時間を合わせるのではなく，就寝時刻になったら子どもを「寝かしつける」しつけが大切です。入眠の際は子どもが不安に陥らないように，絵本や物語などを読んであげたり，一日の出来事を聞いてあげたりするなどして，眠ることが楽しみとなるようにしたいものです。

4．排泄の自立

排泄の習慣は，大脳の発達と関連します。膀胱に尿がたまると信号を発して大脳皮質に伝え，排泄したり，我慢したりするなどのコントロールができるようになります。谷田貝らは，排泄習慣の獲得プロセスを，[15]①無統制の段階，②事後通告（排泄後の通告）の段階，③予告（排泄前の通告）の段階，④おむつの離脱，⑤完全自立の5段階に分類し，3歳6か月を排尿の自立，4歳を排便の自立の目安としています（表3-1）。

大脳皮質の発達の目安は歩行の開始にあり，その頃になると膀胱も大きくなり尿がためられるようになります。乳児では40～50 ml，2～3歳児では50～100 ml，4～5歳児では100～150 mlとなり，ためられる尿の量も増えます。排尿回数も1歳頃までは1日に15～10回，2～3歳頃は9～7回，4～5歳頃では6～5回と徐々に減少しますが，個人差があります。

トイレットトレーニングは，歩行を開始し，排尿間隔が長くなれば（目安として約2時間），開始の時期です。また，おむつからパンツ，便器への移行は2歳前後が目安となります。[16]排泄を自覚してトイレに行き，後始末ができるようになるためには，衣服の着脱や手洗い，トイレのドアの開閉など身体諸機能の発達とともに，言語の発達などとも関連します。家庭での生活を把握し，連携しながら自立を促していくことが必要です。子どもは過度の緊張や不安，体調不良，遊びに夢中なときなどに失敗することがあります。完全に自立するまでは失敗は当然のこととして受け止め，その原因を探り解決することが必要であり，失敗を叱ることは，かえって自立を遅らせることにもなりかねません。成功したら子どもと一緒に喜び，失敗したら支え，保護者と一緒に成長を認め，褒めていくことが大切です。

近年，夜間のおむつ使用の増加が報告されています（図3-3）。また，3歳児を対象とした調査では，トイレットトレーニングに関する各課題の達成率が減少する傾向にあり（図3-4），[17]おむつの離脱が完了しない

▷15 谷田貝公昭・高橋弥生（2016）『第3版データでみる幼児の基本的生活習慣——基本的生活習慣の発達基準に関する研究』一藝社，120～121頁。

▷16 谷田貝らの調査（▷15参照）では，2歳まではおむつ使用は100％であるのに対し，3歳6か月以降もおむつをしている幼児は20％以下まで減少する。

▷17 ベネッセ教育総合研究所（2016）「第5回幼児の生活アンケート」34頁。

表 3 - 1　基本的生活習慣の自立の標準年齢比較

年齢	食事 山下調査(1936年)	食事 谷田貝調査(2003年)	睡眠 山下調査(1936年)	睡眠 谷田貝調査(2003年)	排泄 山下調査(1936年)	排泄 谷田貝調査(2003年)	着脱衣 山下調査(1936年)	着脱衣 谷田貝調査(2003年)	清潔 山下調査(1936年)	清潔 谷田貝調査(2003年)
1.0		・自分で食事をしようとする			・排尿排便の事後通告					
1.6	・自分でコップを持って飲む ・自分でスプーンを持って食べる	・自分でコップを持って飲む ・自分でスプーンを持って食べる ・食事前後の挨拶	・就寝前の排尿		・排尿排便の予告			・一人で脱ごうとする		・就寝前の歯磨き
2.0		・こぼさないで飲む		・就寝前後の挨拶			・一人で脱ごうとする ・靴をはく	・一人で着ようとする		
2.6	・両手でスプーンと茶碗を使用 ・こぼさないで飲む ・両手で箸と茶碗を使用	・両手でスプーンと茶碗を使用			・おむつの使用離脱 ・付き添えば一人で排尿ができる	・排尿排便の事後通告	・一人で着ようとする	・靴をはく ・帽子をかぶる	・手を洗う	・うがい ・手を洗う
3.0	・こぼさないで食事をする ・食事前後の挨拶 ・箸の使用	・こぼさないで食事をする			・パンツをとれば排便ができる	・排尿排便の予告 ・付き添えば一人で排尿ができる		・パンツをはく		・顔を拭く ・石鹸の使用
3.6	・箸を正しく使う ・一人で食事ができる	・箸の使用 ・一人で食事ができる	・昼寝の終止	・寝巻に着替える ・就寝前の排尿	・排尿の自立	・おむつの使用離脱 ・排尿の自立 ・パンツをとれば排便ができる	・帽子をかぶる	・前ボタンをかける ・両袖を通す ・靴下をはく ・脱衣の自立 ・着衣の自立	・石鹸の使用	・食前の手洗い
4.0		・握り箸の終了 ・両手で箸と茶碗を使用	・添い寝の終止 ・就寝前後の挨拶		・排便の自立 ・夢中粗相の消失	・排便の自立	・パンツをはく ・前ボタンをかける		・うがい ・顔を洗う ・顔を拭く ・鼻をかむ	・顔を洗う ・髪をとかす ・鼻をかむ
4.6					・排便の完全自立（紙の使用）	・夢中粗相の消失	・両袖を通す ・靴下をはく			
5.0			・就寝前の排尿の自立 ・就寝時の付き添いの終止			・排便の完全自立（紙の使用、和式様式の利用）	・ヒモを前で結ぶ ・脱衣の自立		・口ゆすぎ（朝） ・食前の手洗い ・髪をとかす	・朝の歯磨き
5.6			・寝巻に着替える							・朝の歯磨き
6.0		・箸を正しく使う		・昼寝の終止 ・就寝前の排尿の自立				・着衣の自立		
6.6				・添い寝の終止 ・就寝時の付き添いの終止						
7.0								・ヒモを前で結ぶ（8歳）		

出典：谷田貝公昭・高橋弥生（2016）『第 3 版データでみる幼児の基本的生活習慣——基本的生活習慣の発達基準に関する研究』一藝社，120～121頁より引用改変。

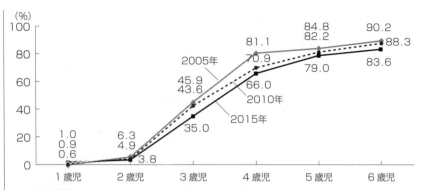

図3-3 「おむつをしないで寝る」の達成率（子どもの年齢別経年比較）

注1）「できる」の％。
注2）0歳6か月～6歳11か月の年齢層で分析する際のウェイトを用いて集計した。
出典：ベネッセ教育総合研究所（2016）「第5回幼児の生活アンケート」34頁。

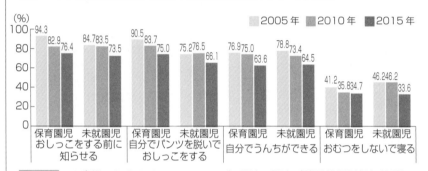

図3-4 3歳児におけるトイレットトレーニングに関する発達（就園状況別経年比較）

注1）「できる」の％。
注2）0歳6か月～6歳11か月の年齢層で分析する際のウェイトを用いて集計した。
注3）サンプル数は，2005年（保育園53人，未就園258人），10年（保育園136人，未就園330人），15年（保育園224人，未就園340人）。
出典：ベネッセ教育総合研究所（2016）「第5回幼児の生活アンケート」34頁。

まま幼稚園に入園する子どももみられるようになりました。家庭との連携を密にして取り組んでいくことが必要です。

写真3-1 低年齢児用便器

5．衣服の着脱の自立

　衣服の着脱の習慣は，子どもの衣服に関する興味や関心が影響します。1歳を過ぎると，自分で脱ごうと衣服や靴下を引っ張ったり，帽子をとったりする等の姿がみられます。2歳になると自分で着ようとし，履

きやすい靴は一人で履けるようになり、3歳を過ぎると、パンツや靴を上手に履くことができるようになります。3歳6か月頃には手先の器用さが問われるボタンかけができるようになり、着衣の自立が

写真3-2　ボタンかけ（3歳児）

写真3-3　手指の発達を促す手作り玩具（穴あきボタンとスナップ）

完了します（表3-1）。しかし、個人差が大きいことも踏まえておく必要があります。

衣服の着脱は粗大運動で、体の中央から外側に向かう脱ぐ動作と、反対に中央に向かう着る動作や協応動作、微細な手指の運動・動作も求められます。遊びや生活の中で多様な動きの経験を重ね、習慣が身に付いてきます。また、運動機能の発達の他、知的発達、言語発達などを考慮し、身に付けるべき内容がその子どもの発達に適しているかどうか見極める

写真3-4　靴の着用（2歳児）

必要もあります。一人一人の発達に合わせて、その子どもに適した方法で、たとえば、どこを引っ張れば脱ぎやすいか、どこを持てばボタンがかけやすいかなど、具体的に伝えていくことが大切です。子どもにとっては高度な技術が要求されるため、保育者は、教え込むことになりがちですが、上着を着るときに袖をトンネルに見立てたり、衣服を介して遊んだりなど、楽しみながら行えるように配慮したいものです。

また、暑さを感じたら衣服を脱ぎ、寒ければ着る、汗をかいたら着替えるなど、その必要性に気付かせることが大切です。

園では衣服の着脱の機会が多くあります。子どもは、友達との関わりの中で模倣したり、手伝ったり、手伝ってもらったりしながら、同じ課題に向かって挑戦する楽しさや達成感を味わうことができます。また、脱いだ衣服をたたむことや、脱いだ靴を決められた場所に置くことなど、後ですぐに使えるようにするための見通しをもった行動の必要性に気付かせることも大切です。

衣服の着脱には、ヒモを結んだり、ほどいたりなどの課題もあります。就学前までには身に付けることができるようにさせたいものです。

写真3-5　歯磨き（4歳児）　　写真3-6　手洗い（手首までしっかりと）

5歳児の手洗いの様子を2歳児が見とり学習をしている。

6．身辺の清潔の自立

　清潔にして身だしなみを整えることは，衛生や感染予防のためにも欠くことができません。また，集団社会の中で生活していく上でのマナーでもあります。

　清潔の習慣には，洗顔や手洗い，鼻かみ，うがい，歯磨き，爪切り，入浴，洗髪など多く挙げられます。これらの行動は，周りの大人が子どもに積極的に働きかける必要があり，日々の生活の流れの中で繰り返し行うことで習慣化し，身に付けていきます（表3-1参照）。「清潔にすると気持ちがいい」という実感がもてるように，手を洗ったり，鼻をかんだりしたら気持ちがよかった，髪の毛を結んでもらったり，爪を切ってもらったらスッキリした，入浴したらさっぱりしたなど，その時々の気持ちを言語化することで，子どもは気持ちよさを意識することができ，清潔にすることへの意欲も高まります。清潔の必要性を子どもなりに認識し，習慣として行動できるようにすることが，清潔の自立につながります。

　特に手洗いの習慣は，乳児の頃から意識づけを行っていくことが大切です。手づかみ食べやおやつなどの食事場面，外遊びから室内に戻ってきたとき，排泄後，また，病気の予防など頻繁に繰り返される習慣です。子どもは水と関わることを好む傾向があることから，手洗いの習慣は比較的習得しやすい習慣ですが，手洗いの必要性が理解でき，自発的に行うことができるように，洗い方も含めて指導の工夫が必要です。写真3-6は，5歳児が行う手洗いの仕方を2歳児が注視し学習しています。異年齢児が関わる保育場面では，このような模倣行動はよくみられます。子ども同士で学び合うことができる保育環境も大切にしていきたいもの

です。

　また，歯磨きやある食べ物の好き嫌いなど，家庭においては取り組みにくい習慣で，園では獲得しやすいということもあります。やりたくないことでも，保育者や友達の様子をみたり，一緒にやることで必要性を理解し，習慣として身に付けていくことができます。園で培われた習慣が家庭でも連続するように，家庭との連携を図りながら清潔の習慣を進めていくことが大切です。

1 ▶ 保育者の役割

　保育者の役割として幼稚園教育要領では，「自分たちの生活にとって必要な行動やきまりがあることに気付かせたりすることなどにより，幼児自身に生活に必要な習慣を身に付けることの大切さに気付かせ，自覚させるようにして，自律性を育てることが大切である」[18]とあります。外から帰ってきたら，なぜ石鹸でよく手を洗わなければいけないのか，食事の後になぜ歯磨きが必要であるか等，教材を用いたり，保育者が子どもと楽しく関わる等して，理解を促します。たとえば，手洗いのときに，「今，石鹸の泡が親指さんのばい菌をやっつけています。次は人差し指さんです」「これで，風邪菌をやっつけました」等，実際に子どもと一緒に行いながら気付きを促すことも効果的です。

　生活習慣の形成は，子どもと保育者が1対1で関わることが多くあります。子ども一人一人が必要な生活習慣を身に付けるまで，丁寧な関わりが求められます。

　子どもにとって基本的な生活習慣の形成は，目標に向かって試行錯誤をしながら困難を乗り越えることでもあり，上手くできなかったり，途中で諦めたくなったとき，温かく見守り励ましてくれる保育者は子どもの心のよりどころとなります。幼稚園教育要領では，「幼児が自分でやろうとする行動を温かく見守り，励ましたり，手を添えたりしながら，自分でやり遂げたという満足感を味わわせるようにして，自立心を育てることが大切である」[19]と示されています。子どもが少しでもできたら，その取り組みの過程を褒め，できなくても挑戦したことを褒めるようにしたいものです。保育者に認められて，少しでも「できた達成感」を味わう経験の積み重ねが自立心を育むことにつながります。

　幼児期は，周囲の行動を模倣しながら自分でやろうとする気持ちが芽生えてくる時期であり[20]，保育者は，子どもの精神発達の特徴である模倣性を踏まえ，子どもの興味や関心を示す事柄について，モデルとなってやってみることが有効です。子どもにとって模倣は，遊びと同様に学習

▷ 18 ▷ 1 と同じ，163〜164頁。

▷ 19 ▷ 1 と同じ，163頁。

▷ 20 ▷ 19と同じ。

の手段であり，模倣しながら基本的な生活習慣を身に付けていきます。

2 家庭との連携

　家庭との連携について保育所保育指針では，「基本的な生活習慣の形成に当たっては，家庭での生活経験に配慮し，家庭との適切な連携の下で行うようにすること[21]」と示されています[22]。保育者は，家庭との連携を密に取りながら，個々の家庭の生活状況を把握，理解し，子どもにとって望ましい生活が保障されるように，子どもの24時間の生活を視野に入れて，援助していく必要があります。

　近年，保護者の就労形態が多様化し，保育のニーズも広がっています。保育所の開所時間の長時間化や休日保育，朝食や夕食の導入も進んでおり，園で家庭の子育てを担う割合は年々増加しています。園と家庭との連携は，子どもの基本的な生活習慣の形成のために，お互いの役割分担を認識し，目標に向かって同じ価値観をもって協力し合うことが大切です。また，家庭では，しつけの一環として行っている基本的な生活習慣の形成がうまくいかずに悩んでいる保護者も少なくありません。保育者は保護者に寄り添い，子育ての不安を和らげていくことも求められます。

演 習 課 題

①子どもが健康的な生活を送る上で，「早寝，早起き，朝ごはん」が大切な理由について考えてみましょう。また，それを保護者に伝えるための「健康便り」やポスターを作成してみましょう。

②朝の排便習慣が確立されていないことによるデメリットと，その改善策を考えてみましょう。

③健康的な生活リズムの重要性について，子どもにわかりやすく伝えるための保育教材を考案してみましょう。

④子どもが，睡眠や食事，排泄，衣服の着脱，清潔などの基本的な生活習慣を身に付けるための保育教材を考案してみましょう。

参考文献
神山潤（2003）『子どもの睡眠』芽生え社。
神山潤（2018）『睡眠の生理と臨床（改訂第 2 版）』診断と治療社，38，102〜104頁。
厚生労働省（2017）「平成28年版国民生活基礎調査の概況」8 頁。
厚生労働省（2018）『保育所保育指針解説』フレーベル館，121，123，134頁。
東京都教育庁地域教育支援部生涯学習課 東京都生涯学習情報「早寝早起きが大切なわけ」（https://www.syougai.metro.tokyo.lg.jp/rhythm_importance.

▷21 ▷7と同じ，134頁。
▷22 家庭との連携については，幼稚園教育要領にも示されている。▷19と同じ。

html 2019年8月18日確認）。

中村和彦（2011）『運動神経がよくなる本』マキノ出版，52〜130頁。

ベネッセ教育総合研究所（2016）「第5回幼児の生活アンケート」34頁。

文部科学省（2018）『幼稚園教育要領解説』フレーベル館，54〜57，145，153，163，164，189頁。

谷田貝公昭・高橋弥生（2016）『第3版データでみる幼児の基本的生活習慣——基本的生活習慣の発達基準に関する研究』一藝社，120〜121頁。

第 4 章

乳幼児の食生活

食育は「生きる上での基本であって，知育，徳育及び体育の基礎となるべきもの」です。保育所保育指針にも"食育の推進"は明記され，"保育の一環としての食育実践"を目指しています。

乳幼児期の食育の目標は「『食を営む力』の育成に向け，その基礎を培う」ことです。食育は，養護的側面と教育的側面を踏まえて，子どもの発達段階に応じて展開していきます。

1. 子どもの食を取り巻く現状と課題

1 子どもの食の捉え方

生きるための基本である食べることは，子どもの健やかな心と体の発育・発達には欠かせないものです。その上，乳幼児期には味覚や食嗜好の基礎も培われ，それらは将来の食習慣にも影響を与えるために，この時期の食生活については，生涯を通じた健康，特に生活習慣病予防という長期的な視点からも考える必要があります。

また，何を食べるかとともに，食事をとりながら，家族や友達と食べる楽しみの共有，調理の過程を日常的に見る・体験する，様々な食材に触れるなどの経験の積み重ねを通して，子どもは空腹のリズムをつかみ，心身を成長させ，五感を豊かにしていきます。また，周囲の人と関係しながら食事をとることにより，多様な食材や味覚を受け入れる柔軟性，食事づくりや準備への意欲，相手を思いやる配膳やマナーなど「食を営む力」の基礎が培われ，それをさらに発展させて「生きる力」につなげていきます。

2 近年の食生活の現状と課題

近年の食生活をみると，いつでも，どこでも，好きなものを比較的容易に入手して，食べることが可能な時代となりました。また，乳幼児の保護者も働く人が増え，生活の夜型化が進行し，乳幼児の生活にも影響が及んでいます。さらに，朝食欠食，孤食や個食などの食習慣の乱れ，団らんの欠如，保護者の不適切なボディイメージなどにより，心身の健康を阻害する要因も多く存在しています。

①生活リズムの夜型化による影響

乳幼児期は，早寝，早起きが推奨されています。しかし，保護者の生活リズムが夜型化していることから，保護者の就寝時刻別に，午後10時

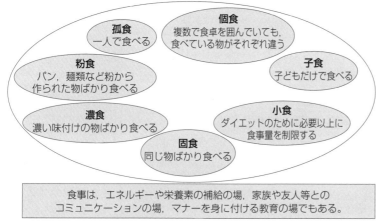

図 4-1　避けたい 7 つの「こ食」

資料：堤ちはる（2011）日本子ども家庭総合研究所。
出典：厚生労働省（2012）「保育所における食事の提供ガイドライン」3 頁。

以降に就寝する子どもの割合をみると，平日，休日とも保護者の就寝時刻が遅くなるほど，その割合は高くなっています。中でも保護者が「深夜 1 時以降」に就寝する家庭では，平日 35.0％，休日 45.3％と最も高い割合です。この結果から，幼児は保護者の生活リズムに大きく影響されていることがわかります。[◁1]

②様々な「こ食」

　食事は，エネルギーや栄養素の補給の場であるとともに，家族や友人などとのコミュニケーションの場，マナーを身に付ける教育の場でもあります。近年話題となっている様々な「こ食」について，人間（親子）関係を含めた生活の質（Quality of Life：QOL）の向上という食育の観点から考えていきます（図 4-1）。

　一人で食べる「孤食」は，食事のマナーが身に付かない上に，好きなものを好きなだけ食べてしまいがちで，栄養バランスもとりにくくなります。一方，家族，友人などと一緒にとる食事は，マナーや栄養バランスの問題を解消できるだけでなく，食欲が増し，食べる速度を相手に合わせたり，全体量の中で自分の食べる量を加減したりするなど協調性も育ちます。また，食事に関連する話題は，皆に共通していることから会話を通してコミュニケーション能力も育ちやすいのです。また，家族でいろいろな話をしながら食べた経験は，子どもにとって将来の家庭のイメージづくりにもつながっていくと思われます。

　さらに，家族が同じ食卓を囲んでいても，それぞれが食べたいものを食べる「個食」も問題です。「個食」は，食べたことがないものや苦手なものを食べる機会が減る上，好きなものだけを食べるので栄養バラン

▷1　厚生労働省（2016）「平成27年度乳幼児栄養調査結果の概要」。

スが悪くなりがちです。また，たとえば3世代が一緒に夕食で肉料理を食べるとき，高齢者には薄切りの肉を用意する場合がありますが，子どもの「どうしておばあちゃんだけ薄切りなの？」という問いかけに，「入れ歯だから，厚い肉はかみ切れないのよ」と説明すれば，子どもは"自分なら容易にかめる肉が，高齢者にはかめない"ことに気付くことができます。この気付きから，高齢になると体全体の機能が低下することに思いをはせることができ，高齢者や自分より弱い人への思いやりやいたわりの気持ちが芽生えるきっかけにもなります。これも同じ食材を家族で食べればこそできることです。

その他にも，子どもだけで食べる「子食」では，栄養バランスがとりにくかったり，食事のマナーが身に付きにくかったりします。ダイエットのために必要以上に食事量を制限する「小食」，同じものばかり食べる「固食」，味付けの濃いものばかり食べる「濃食」，パン，麺類など粉からつくられたものばかりに偏って食べる「粉食」も，健康長寿の観点からは避けたい食べ方です。

2. 食育の基本と内容

1 ▶ 食育とは——食育基本法における食育の位置付け

近年の食を取り巻く環境をみると，不規則，不健全な食生活による人間活力の減衰と混乱，食を大切にする心の欠如，平均寿命と健康寿命の乖離，食品の安全性に対する信頼の低下，自然・伝統的文化の喪失などが食の問題点として増加してきました。そこで「国民が生涯にわたって健全な身体を培い，豊かな人間性を育むことができるよう，食育を総合的かつ計画的に推進すること」を目的に食育基本法が2005（平成17）年に施行されました。食育は食育基本法の前文（表4-1）に示すように位置付けられています。

食育は，「生きる上での基本であって，知育，徳育及び体育の基礎となるべきもの」と食育基本法にあるように，子どもの健全育成の柱となる重要なものです。子どもたちが生涯を通して「食」について自ら考え，判断する力をつけるために，また，心身ともに健やかに成長するためにも，食育は重要な役割をもっています。

2 ▶ 食育基本法以降の施策

2006（平成18）年には，「食育基本法」を受けて，食育の計画的な推進を図るための基本的事項を定めた「第1次食育推進基本計画」が公表さ

表4-1　食育基本法　前文

> 　子どもたちが豊かな人間性をはぐくみ，生きる力を身に付けていくためには，何よりも「食」が重要である。今，改めて，食育を，生きる上での基本であって，知育，徳育及び体育の基礎となるべきものと位置付けるとともに，様々な経験を通じて「食」に関する知識と食を選択する力を習得し，健全な食生活を実践することができる人間を育てる食育を推進することが求められている。(中略)
> 　国民一人一人が「食」について改めて意識を高め，自然の恩恵や「食」に関わる人々の様々な活動への感謝の念や理解を深めつつ，「食」に関して信頼できる情報に基づく適切な判断を行う能力を身に付けることによって，心身の健康を増進する健全な食生活を実践するために，今こそ，家庭，学校，保育所，地域等を中心に，国民運動として，食育の推進に取り組んでいくことが，我々に課せられている課題である。

出典：内閣府「食育基本法」2005年制定。

表4-2　第3次食育推進基本計画（平成28～32年度）の重点課題

これまでの取組　第2次食育推進基本計画（平成23年～27年）に基づく取組として，家庭，学校等，地域において食育を推進	
食をめぐる状況の変化	❶若い世代の食育の実践に関する改善，充実の必要性　❺食品ロスの削減を目指した国民運動の開始 ❷世帯構造の変化　❻「和食」のユネスコ無形文化遺産への登録決定 ❸貧困の状況にある子供に対する支援の推進　❼市町村の食育推進計画作成率に関する課題 ❹新たな成長戦略における「健康寿命の延伸」のテーマ化

重点課題	
＜1＞若い世代を中心とした食育の推進	▶若い世代自身が取り組む食育の推進，次世代に伝えつなげる食育の推進
＜2＞多様な暮らしに対応した食育の推進(新)	▶様々な家族の状況や生活の多様化に対応し，子供や高齢者を含む全ての国民が健全で充実した食生活を実現できるような食体験や共食の機会の提供
＜3＞健康寿命の延伸につながる食育の推進	▶健康づくりや生活習慣病の予防のための減塩等及びメタボリックシンドローム，肥満・やせ，低栄養の予防などの推進
＜4＞食の循環や環境を意識した食育の推進(新)	▶食の生産から消費までの食の循環の理解，食品ロスの削減等の推進
＜5＞食文化の継承に向けた食育の推進(新)	▶和食，郷土料理，伝統食材，食事の作法など伝統的な食文化への理解等の推進

取組の視点
①子供から高齢者まで，生涯を通じた取組を推進 ②国，地方公共団体，教育関係者，農林漁業者，食品関連事業者，ボランティアなどが主体的かつ多様に連携・協働しながら取組を推進

出典：平成28年度都道府県等栄養施策担当者会議「第3次食育推進基本計画」について，農林水産省（平成28年3月18日食育推進会議決定）。

れました。

　その後，2011（平成23）年には第2次食育推進基本計画が，さらに，2016（平成28）年には第3次食育推進基本計画が公表されました（表4-2）。その中の5つの重点課題である，①若い世代を中心とした食育，②多様な暮らしに対応した食育，③健康長寿の延伸につながる食育，④食の循環や環境を意識した食育，⑤食文化の継承に向けた食育については，保育所等においても，これらを踏まえた食育活動が求められています。

3　保育所保育指針における食育

　食育基本法や第3次食育推進基本計画を踏まえ，保育所保育指針（2017年3月31日公示，2018年4月1日施行）には，「第3章　健康及び安全」に「食育の推進」が明記されています（表4-3）。

　保育所保育指針では，「食育計画を全体的な計画に基づいて作成し」

表4-3　保育所保育指針「第3章　健康及び安全」

> 2　食育の推進
> (1)　保育所の特性を生かした食育
> 　ア　保育所における食育は，健康な生活の基本としての「食を営む力」の育成に向け，その基礎を培うことを目標とすること。
> 　イ　子どもが生活と遊びの中で，意欲をもって食に関わる体験を積み重ね，食べることを楽しみ，食事を楽しみ合う子どもに成長していくことを期待するものであること。
> 　ウ　乳幼児期にふさわしい食生活が展開され，適切な援助が行われるよう，食事の提供を含む食育計画を全体的な計画に基づいて作成し，その評価及び改善に努めること。栄養士が配置されている場合は，専門性を生かした対応を図ること。
> (2)　食育の環境の整備等
> 　ア　子どもが自らの感覚や体験を通して，自然の恵みとしての食材や食の循環・環境への意識，調理する人への感謝の気持ちが育つように，子どもと調理員等との関わりや，調理室など食に関わる保育環境に配慮すること。
> 　イ　保護者や地域の多様な関係者との連携及び協働の下で，食に関する取組が進められること。また，市町村の支援の下に，地域の関係機関等との日常的な連携を図り，必要な協力が得られるよう努めること。
> 　ウ　体調不良，食物アレルギー，障害のある子どもなど，一人一人の子どもの心身の状態等に応じ，嘱託医，かかりつけ医等の指示や協力の下に適切に対応すること。栄養士が配置されている場合は，専門性を生かした対応を図ること。

出典：厚生労働省（2017）「保育所保育指針」。

と"保育の一環としての食育実践"が強調され，栄養士による専門性を生かした対応をとることも記載されています。

　なお，保育所保育指針にある乳児及び1・2歳児の食育の指導については，幼保連携型認定こども園教育・保育要領にも共通する内容になっています。

4　保育所における食育に関する指針

　保育所における食育に関する指針として，「楽しく食べる子どもに――保育所における食育に関する指針」（厚生労働省，2004年3月通知）があります。その指針では，保育所における食育の目標として，「現在を最もよく生き，かつ，生涯にわたって健康で質の高い生活を送る基本としての『食を営む力』の育成に向け，その基礎を培うこと」が挙げられています。

　ところが，保育所等の食育では，「食を営む力」の育成に注目が集まりがちです。たとえば3歳児の調理（クッキング）活動で，庖丁を使って野菜を切らせたり，3歳児に栄養素の種類別に"赤・黄・緑"の食品の分類をさせたりするなど「やらせればできる」と，子どもの成長・発達にそぐわない先取りの教育をしていることが目立つこともあります。

　しかし，乳幼児期の食育の目標は，「『食を営む力』の育成に向け，その基礎を培う」ことです。この真意を考え，目に見える成果ばかりを追

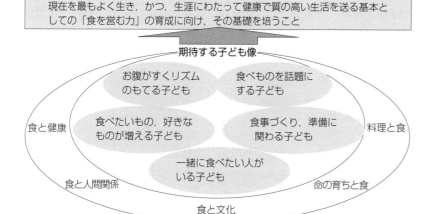

図 4 - 2　保育所を拠点とした環境づくり

出典：こども未来財団（2007）「保育所における食育の計画づくりガイド──子どもが『食を営む力』の基礎を培うために」を一部改編。

い求めるのではなく，子どもの成長・発達を考慮した食育活動を展開することが重要です。

5　保育所の食育で目指すもの

　保育所等の食育で具体的に目指すものは，①お腹がすくリズムのもてる子どもに，②食べたいもの，好きなものが増える子どもに，③一緒に食べたい人がいる子どもに，④食事づくりや準備に関わる子どもに，⑤食べ物を話題にする子どもに，の 5 つの子ども像の実現を目指すこととされています（図 4 - 2 ）。

6　養護と教育を一体的に展開する食育

　乳幼児期の食育は，保育所保育指針の中の「養護」（生命の保持，情緒の安定）と「教育」（健康，人間関係，環境，言葉，表現）の内容が相互に関連しながら一体的・総合的に展開されるものです。食育の養護的・教育的側面を考えます。

①乳児期

　乳児は空腹を感じ，乳汁や食事を欲したとき，保護者や保育者にやさしく抱かれ，目を見つめられながらゆったりと乳汁を与えられたり，離乳食を「おいしいね」「どんな味がするかな？」などと声をかけられながら食べさせてもらったりすることにより「生命の保持」がなされます。また，空腹が満たされる心地よさ，満足感，やさしく接してもらうスキンシップにより，保護者や保育者への親しみ，信頼感が生まれ，愛着形

成がなされて「情緒の安定」がもたらされます。すなわち，食事の提供という「養護」的側面が基礎となり，心身ともに成長しながら「健康」になっていきます。

さらに，食事をとる行為を通じて，保育者や友達と食事を楽しみ合うようになり，信頼関係が深まることで，子どもが自ら働きかけをしていくなどの「人間関係」の構築にもつながります。

②幼児期

幼児期になれば，友達とおかずを分け合う，友達の食事が終わるまで，自分も席を立たないことなどから思いやりの心や協調性が育ちます。また，食用植物の栽培や販売（お店屋さんごっこ）をしたり，調理をする人に興味・関心をもち，感謝の気持ち，愛情，信頼感を培ったりすることも「人間関係」として重要です。

園庭，プランター，保育所等の近隣の畑などでの野菜，芋等の栽培をしながら育ちを観察し，収穫をします。また，ランチルームや調理室前などでの調理前の食品素材の提示，食品パネルの展示などにより，調理室との連携，調理（クッキング）活動などの「環境」整備に努めることも大切です。

子どもの興味・関心を引き出すような「環境」で，保育者，調理員，栄養士らが説明する話に耳を傾けたり，実際に調理した食品や料理の話をしたり，それらに関連したこれまでの経験や知識を「言葉」にすることで，「表現」力が養われていきます。また，家庭の食卓や買い物のときの家族との会話を通して，新たな経験を自分の言葉で「表現」できるようになることから，家庭の食生活の現状把握，及び家庭との連携も必要になります。

3. 乳児の食育

1 　乳児の食育に関わる指導

①応答的な関わり

保育所保育指針「第2章　保育の内容」の「1　乳児保育に関わるねらい及び内容」の(1)基本的事項のアには「愛情豊かに，応答的に」とあります。たとえば，空腹を泣いて訴えている乳児に，無表情のままミルクや離乳食を与えてもそれは応答的な対応にはなりません。空腹時に「お腹すいたの？」「たくさん飲めば大きくなるよ」「おいしいね」などと言葉かけを行います。これは，子どもを思い，成長を見守る愛情のこもった言葉かけです。乳児はこれらの温かな言葉を聞きながら，空腹が

満たされて心身ともに心地よい状態になっていきます。この子どもと保育者の心と心が響き合う関わりは，子どもが豊かな人生を送る上で，信頼関係の構築の基礎となる重要なものです。

②生活リズムの形成

保育所保育指針「第 2 章　保育の内容」の「1　乳児保育に関わるねらい及び内容」の(2)ねらい及び内容の「ア　健やかに伸び伸びと育つ」の(ウ)内容の取扱いの②には，「和やかな雰囲気の中で食べる喜びや楽しさを味わい，進んで食べようとする気持ちが育つようにすること」と記載されています。子どもが元気で，意欲的に生活するためには，食べる，寝る，遊ぶ，排泄するなどの生活リズムの形成が大切です。生理的なリズムに沿って，家庭の生活リズムも考慮しながら一日の生活の流れを意識した個々人の日課をつくっていきます。そのためには，保護者と保育者双方が，食事，睡眠，排泄の時刻と様子，機嫌などの連絡帳への記録，朝夕の送迎時の会話からの情報共有等から，個々に応じた日課が形成されるようにしていきます。

乳児クラスにおいて，個々の生活リズムに合わせて，食事，遊び，睡眠が行われている場合，一人が遊んでいる横で，離乳食を食べているような状況が発生することがあります。そのような場合にはテーブルの向きを変える，衝立を立てるなどの工夫で，それぞれの乳児が集中できるような環境を整えることが必要です。なお，個々の生活リズムを尊重した保育では，保育者の動きも慌ただしくなりがちです。そこで，食事時間は乳児のそばからなるべく離れなくてすむように，必要なもの（例：お手ふき，食具の予備等）は，事前に手近な所に用意しておいたり，大きな声は出したりしないなど，和やかな雰囲気になるような環境整備に配慮します。

2　1・2 歳児の食育に関わる指導

保育所保育指針では，「第 2 章　保育の内容」の「2　1 歳以上 3 歳未満児の保育に関わるねらい及び内容」の(2)ねらい及び内容の領域「ア　健康」(ウ)内容の取扱いの②において，食育に関わる指導について「ゆったりとした雰囲気の中で食べる喜びや楽しさを味わい，進んで食べようとする気持ちが育つようにすること」と記載されています。

1 歳頃になると，何でも"自分で"してみたい時期になります。しかし，"自分で"しようと思っても上手にできずに，保育者らの援助が必要なことが多いのです。また，自分の状況や感情を言葉で適切に伝えることがまだできないことがほとんどです。

2歳頃には，"自分で"やりたい気持ちはさらに強まり，"自分で"やったことを保育者らに見てもらい，できたことを認めてほしい，できた喜びを共有してほしい，という気持ちが強まります。

食事の場面を例にとると，"自分で"汁物を飲もうとスプーンをお椀に入れて口に運ぼうと思ったら，お椀がひっくり返り中味がこぼれてしまった場合，子どもは癇癪を起こすことがあります。たとえば，保育者が，お椀を元の位置に戻したり，子どもの服にかかった汁を拭こうとすると，怒ったり，泣きわめいて拒絶することもあります。保育者からは，この子どもの行動は「できない（失敗）」や「援助を拒絶（反抗）」と思われますが，「お汁が飲みたかったのね。でもこぼれちゃったね」と，子どもの気持ちに寄り添う言葉をかけながら，"自分で"やろう（挑戦しよう）とした意欲や一生懸命さを認め，共感をもって温かく見守ることが大切です。このような応答的な対応の繰り返しにより，上手にできなくても，自分の気持ちを理解して受け入れてもらったという満足感の深い体験ができます。この積み重ねにより，自己肯定感が育っていきます。

4．3歳児から就学前の食育

1 幼保連携型認定こども園教育・保育要領における食育

幼保連携型認定こども園教育・保育要領（2017年3月31日公示，2018年4月1日施行）には，食育に関連した事項が「第3章　健康及び安全」の「第2　食育の推進」（表4-4）に記載されています。幼保連携型認定こども園においても，保育所や幼稚園と同様に，食育の取り組みを行うことが記載されています。入園した年齢により集団生活の経験年数が異なる園児がいることへの配慮が必要です。

2 幼稚園教育要領における食育

前回の2008年公示の幼稚園教育要領には，健康な心と体を育てるためには食育を通じた望ましい食習慣の形成が大切であり，それを踏まえ，幼児の食生活の実情に配慮し，和やかな雰囲気の中で教師や他の幼児と食べる喜びや楽しさを味わうこととして「先生や友達と食べることを楽しむ」と記載されていました。

新しい幼稚園教育要領（2017年3月31日公示，2018年4月1日施行）にも，食育に関連した事項が「第2章　ねらい及び内容」の「健康」の「2　内容」(5)に記載されています（表4-5）。前回と比べ，新しい幼稚園教

表4-4　幼保連携型認定こども園教育・保育要領「第3章　健康及び安全」

第2　食育の推進
1　幼保連携型認定こども園における食育は，健康な生活の基本としての食を営む力の育成に向け，その基礎を培うことを目標とすること。
2　園児が生活と遊びの中で，意欲をもって食に関わる体験を積み重ね，食べることを楽しみ，食事を楽しみ合う園児に成長していくことを期待するものであること。
3　乳幼児期にふさわしい食生活が展開され，適切な援助が行われるよう，教育及び保育の内容並びに子育ての支援等に関する全体的な計画に基づき，食事の提供を含む食育の計画を作成し，指導計画に位置付けるとともに，その評価及び改善に努めること。
4　園児が自らの感覚や体験を通して，自然の恵みとしての食材や食の循環・環境への意識，調理する人への感謝の気持ちが育つように，園児と調理員等との関わりや，調理室など食に関する環境に配慮すること。
5　保護者や地域の多様な関係者との連携及び協働の下で，食に関する取組が進められること。また，市町村の支援の下に，地域の関係機関等との日常的な連携を図り，必要な協力が得られるよう努めること。
6　体調不良，食物アレルギー，障害のある園児など，園児一人一人の心身の状態等に応じ，学校医，かかりつけ医等の指示や協力の下に適切に対応すること。

出典：内閣府・文部科学省・厚生労働省（2017）「幼保連携型認定こども園教育・保育要領」。

表4-5　幼稚園教育要領「第2章　ねらい及び内容」

健康　〔健康な心と体を育て，自ら健康で安全な生活をつくり出す力を養う。〕
1　ねらい
(1)　明るく伸び伸びと行動し，充実感を味わう。
(2)　自分の体を十分に動かし，進んで運動しようとする。
(3)　健康，安全な生活に必要な習慣や態度を身に付け，見通しをもって行動する。
2　内容
(1)　先生や友達と触れ合い，安定感をもって行動する。
(2)　いろいろな遊びの中で十分に体を動かす。
(3)　進んで戸外で遊ぶ。
(4)　様々な活動に親しみ，楽しんで取り組む。
(5)　先生や友達と食べることを楽しみ，食べ物への興味や関心をもつ。
(6)　健康な生活のリズムを身に付ける。
(7)　身の回りを清潔にし，衣服の着脱，食事，排泄などの生活に必要な活動を自分でする。
(8)　幼稚園における生活の仕方を知り，自分たちで生活の場を整えながら見通しをもって行動する。
(9)　自分の健康に関心をもち，病気の予防などに必要な活動を進んで行う。
(10)　危険な場所，危険な遊び方，災害時などの行動の仕方が分かり，安全に気を付けて行動する。
3　内容の取扱い（一部抜粋）
(4)　健康な心と体を育てるためには食育を通じた望ましい食習慣の形成が大切であることを踏まえ，幼児の食生活の実情に配慮し，和やかな雰囲気の中で教師や他の幼児と食べる喜びや楽しさを味わったり，様々な食べ物への興味や関心をもったりするなどし，食の大切さに気付き，進んで食べようとする気持ちが育つようにすること。
(5)　基本的な生活習慣の形成に当たっては，家庭での生活経験に配慮し，幼児の自立心を育て，幼児が他の幼児と関わりながら主体的な活動を展開する中で，生活に必要な習慣を身に付け，次第に見通しをもって行動できるようにすること。

出典：文部科学省（2017）「幼稚園教育要領」より一部抜粋。

育要領には，自分たちでつくったり，地域の人々が育ててくれたりした身近な食べ物の名前や味，色，形などに親しみながら様々な食べ物への興味や関心をもつなどし，進んで食べようとする気持ちが育つようにすることが強調されています。そこで，「先生や友達と食べることを楽しみ，食べ物への興味や関心をもつ」と体験を通して食べ物への興味や関心が引き出されることを目指す文章が追加されました。

　幼稚園の食事の提供方法は，自園でつくった給食，家庭からの弁当持参，業者からの弁当搬入など様々です。しかしどのような提供方法であっても，子どもの心と体の発達を踏まえた食育で目指すべきこと，大切にすべきことは，ゆらぐことがあってはなりません。そこで，家庭と連携を図りながら，保育所等と同様に食育を推進することが求められています。

3　3歳以上児の食育に関わる指導

　保育所保育指針，幼稚園教育要領，幼保連携型認定こども園教育・保育要領には，「食育は，健康な生活の基本としての食を営む力の育成に向け，その基礎を培うことを目標とする」「健康，安全な生活に必要な習慣や態度を身に付け，見通しをもって行動する」ことが挙げられています。たとえば，食事の前に手を洗うという行為は，「なぜ，手を洗うのか」という必要性の理解と，手の洗い方がわからないと先の見通しをもって行動することはできません。そこで，日々の活動の中でなぜそれをするのか，あるいはしないのかという理由を，子どもが理解できるように具体的に伝え，子どもの自発的な行動を促していくことが重要です。

　また，保育所保育指針，幼稚園教育要領，幼保連携型認定こども園教育・保育要領の中で，「身近な人と親しみ，関わりを深め，工夫したり，協力したりして一緒に活動する楽しさを味わい，愛情や信頼感をもつ」「幼児が他の幼児と関わりながら主体的な活動を展開する中で，生活に必要な習慣を身に付ける」「意欲をもって食に関わる体験を積み重ね，食べることを楽しみ，食事を楽しみ合う園児に成長していくことを期待するものである」旨のことが書かれています。4歳頃になると，子どもたちは友達同士で遊ぶことが楽しくなりますが，子ども同士の思いがぶつかり合うことも体験します。"カレーづくり"の調理活動を例にとると，「玉ねぎの皮をむきたい」「人参をハート型に抜きたい」「お米を研ぎたい」など，子どもたちは様々な「やりたい」調理過程の希望をもっています。しかし，それぞれの調理過程に必要な人数も限られていますから，「絶対に自分がやりたい」「ここはお友達に譲ってあげよう」などの様々な思いが交錯し，葛藤を抱きます。そして自分の気持ちに折り合

いをつけながら，みんなで楽しく力を合わせてカレーの完成を目指すという体験も貴重です。そこで支援者には，活動内容や声かけの工夫が求められます。

5．食育のための環境づくり

1 ▶ 自然環境への配慮

　自然環境を子どもが意識できるような食育活動として，栽培活動を例に挙げます。園の畑で茄子を育てることにしました。茄子が苦手なＡちゃんは「茄子は嫌い」と言いながらも，毎日友達と一緒に水やりをしていました。茄子は成長し，やがて実をつけ，それが大きくなっていく様子に感激し「先生，茄子がこの間は小さかったけれども，今日見たら卵くらいに大きくなっていたよ」と報告してくれました。丹精込めて育てること，野菜の成長過程を観察すること，収穫する喜び，調理してどのような料理になるのかワクワクしながらお手伝いすること，つくりながらにおいをかいだり，盛り付けをしたり，出来上がった料理を味わったりすること，これら多くの経験を通して食べ物に関する興味がわき，理解が深まり，また野菜嫌いの子どもを少なくすることにも役立ちます。

　さらに，肉，魚，野菜などの動植物の命は自然の恩恵を受けて育ち，その動植物の命をいただいて，私たち人間の命につないでいくことを実践から学び，動植物の命を尊ぶこと，感謝することも身に付けていきます。

　一方，子どもが自分の体験の理解を深められるように，絵本や紙芝居，図鑑などの活用，お絵かき，お店屋さんごっこ，おままごとなどのごっこ遊びなど，日常の保育と連動させることへの配慮も望まれます。

　なお，畑のない環境では，保育者と，あるいは親子で買い物に行くこと，お手伝いをしながら一緒に料理をつくること，周囲の人と一緒に味わうこと，食前の準備・食後の片付けを手伝うこと，農家の畑を訪問し，見学することなどでも，自然環境からの学びは可能です。

2 ▶ 食卓環境への配慮

　食卓環境への配慮としては，食事やおやつの時間は子どもの心身の発達状況に合わせた心地よい環境，ゆとりある時間を十分に確保すること，ランチルームやときに戸外など楽しく食べる場所を用意すること，テーブルや椅子，食器や食具を安全で発達段階に合致したものとすることなどがあります。たとえば食事のときに床に足がつかない場合には，牛乳パックや段ボールなどでつくった足置き台の工夫などです。

また，楽しい食卓になるように保育者や友達など一緒に食べる人の構成を考えたり，食事を提供する調理員や栄養士への感謝の気持ちが育つように，一緒に食事をとるなどの交流を図ったりすること，さらに，事故予防，衛生管理などの観点から，調理室から食事をとる場所までの安全な動線確保などに努めることも重要です。

３　人的環境への配慮

①保育者，調理員・栄養士，地域の人と子どもたちとの関わり

　保育者や友達，調理員や栄養士などと一緒に調理したり，食事をとる機会をつくったりすることにより，子どもたちは他者の存在を感じて，ともにつくる・食べる喜びを味わうことができるようになります。また，普段接する機会の少ない調理員や栄養士などと一緒に調理をすることで，食事をつくる人の存在を身近に感じ，食べ物を大切に扱ったり，つくっている人への感謝の気持ちが芽生えやすくなります。

　食卓を通して，「他者への共感」や「思いやりの気持ち」といった抽象的な概念も芽生えてきます。これらの抽象的な概念は，未就学児に言葉でその意味を説明しても理解は難しいと思われます。しかし，たとえばおやつに人数分の蒸しパンが大皿で提供されたときに，Ｂちゃんが自分のお皿にたくさん取ったとします。それを見た保育者は，「Ｂちゃんがたくさん取ったら，お友達の分がなくなってしまうよ。Ｂちゃんもお友達もみんな蒸しパンが大好きだから，蒸しパンが食べられないお友達は，どんな気持ちになるかな」と具体例を示しながら「他者への共感」や「思いやりの気持ち」への理解を促すことが可能になります。

　また，大人との共食により食事のマナーを身に付けることは，一緒に食事する人を不快にさせない「思いやりの気持ち」を育てることにも通じます。

　さらに，餅つき，雛祭り，子どもの日，七夕などの年中行事の際に，地域の人たちと交流することで，季節を感じたり，食文化への理解を深めたり，さらに自分の育つ地域への愛着，年長者への思いやりや尊敬の念，感謝の気持ちなどが育まれます。

　このように，子どもが食を通じて様々な人たちと関わる機会をつくることは重要であり，その際には，子どもが自発的に人と関わろうとしたり，コミュニケーションが図れたりするような配慮が求められます。

②保育者と調理員，栄養士との連携

　子どもの成長・発達に合わせた食事の提供をする調理員や栄養士にとって，子どもの食事の様子（雰囲気，咀嚼・嚥下の様子など）を観察す

ることは重要です。しかし，毎日，子どもの昼食や間食時に調理員らが食事の様子を観察することは，仕事の都合上困難である場合も多いのです。そこで，保育者が観察した食事の味付け，分量，大きさについて，たとえば「食事観察日誌」のような記録に残して，調理員，栄養士らに伝え，それを次の調理に活かすといった情報共有の方法も勧められます。

6．食を通じた保護者支援のあり方

1　通所児の保護者への支援

　保育所などが子どもの食育に関しての取り組みの様子を園だより，給食だより，毎日の連絡帳などを通して保護者に伝えたり，園のホームページやブログなどで保護者に紹介したりすることは，家庭の食に関する意識向上につながりやすいものです。また，食具の使用状況，保育所で食べることができた料理や食品，食事中の友達や保育者との会話や関わりなどを通して子どもの発達の様子を伝えることも，保護者の食への興味・関心を高めるためには効果的です。

　離乳期や幼児期の給食の実物展示，スマートフォンやデジタルカメラなどの写真展示は，栄養バランス，量，盛り付けがわかりやすかったり，夕食の献立との重複を避けたりするためにも役立ち，さらに活字が苦手な保護者にも好評です。

　給食やおやつの試食会では，実際に食べることで，味付け，調理形態，分量の目安などを伝えることができます。また，年中行事に参加して，親子一緒に行事食をつくったり食べたりすることで，親子の触れ合いを通して，食文化の継承が可能となります。なお，行事や懇親会へ参加した保護者同士の交流を図ることで，家庭における食育実践の広がりも期待できます。

2　地域の子育て家庭への支援

　保育所などは身近な子育て支援の施設として，たとえばホームページに食育の取り組みの様子を掲載したり，実際に保育所などに足を運んでもらったりして，子どもたちが食べている場面を見ることで，年齢にふさわしい食事形態・分量・固さ，食べさせ方，食べ方，食具の使い方などが理解できます。その結果，子どもの発達段階を見通して，わが子の実態を客観的に把握する力が培われます。

　また，各種の行事や体験保育などの取り組みの中で，食に関する相談・支援をすることも可能です。その場合には事例を記録して，職員間

で検討を積み重ねていくことが重要です。相談・支援内容によっては，相談者の了解を得た上で，医療機関，保健センター，保健所，児童相談所などの専門機関への紹介も必要となります。なお，育児放棄（ネグレクト）などが疑われる場合には，子どもを守ることを優先し，相談者の了解なしに専門機関に連絡することも求められています。

7．食物アレルギー

1　食物アレルギーに関する状況

　食物アレルギーとは，「食物によって引き起こされる抗原特異的な免疫学的機序を介して生体にとって不利益な症状が惹起される現象」と定義されています。近年，乳児期の食物アレルギー患者が増加しています。有症率は乳児が約10％，3歳児が約5％，学童以降が1.3〜4.5％とされ，加齢とともに次第に減少していきます[2]。症状としては，じんましん，皮膚の発赤・痒み，咳・喘鳴（ぜんめい），嘔吐・腹痛・下痢などがみられます。乳児期の原因食物は，鶏卵，牛乳，小麦が多いのです。食物アレルギーの子どもには，適切な診断に基づく必要最小限の原因食物除去と栄養面への配慮とともに，成長に伴い，アレルギーの原因物質とされていた食物を摂取しても症状が出なくなる時期を見逃さずに制限を解除していくことも重要です。

2　乳児期の食事と食物アレルギー

　離乳食の開始時期は，「授乳・離乳支援ガイド」（厚生労働省，2019）では，生後5，6か月頃が望ましいといわれています。開始時期を生後4か月より前に早めたり，6か月以降に遅らせたりしても，食物アレルギーの発症を抑えるという科学的根拠はありません[3]。

　私たちは，経口的に食物を摂取することにより，腸管で耐性が誘導されるために，食物アレルギーが起こりにくくなると考えられています。その理由は，人間は食べ物の中に含まれる蛋白質を腸管から吸収して，エネルギーや栄養素を得ています。そこで，腸管の免疫細胞は，他の組織と比較して，異種蛋白質を受け入れやすく（寛容に）なっており，アレルギー反応が起こりにくいのです。そこで，少しずつ食べ物を摂取することにより，**腸管免疫**を適度に刺激して食物アレルギーを抑制（耐性を誘導）[4]することができます。これはある食べ物にすでに食物アレルギーを発症している場合であっても同じことがいえます。そのため，心配だから，念のために他の食べ物まで制限する必要はありません。

▷2　海老澤元宏・伊藤浩明・藤澤隆夫監修／日本小児アレルギー学会食物アレルギー委員会作成（2016）『食物アレルギー診療ガイドライン2016』協和企画。

▷3　Kramer, M. S. and Kakuma, R. (2012) *Optimal duration of exclusive breast-feeding*, Cochrane Database Syst Rev. 8；CD003157.

▷4　**腸管免疫**
腸管には多数の腸内細菌が生息し，食物繊維などを発酵により代謝している。また，腸内細菌は腸管における免疫系の成熟やその機能維持に寄与しており，それを腸管免疫という。

　一方，炎症を起こしているアトピー性皮膚炎の皮膚では，本来のバリ
ア機能が障害されているために，外界の刺激物（食べ物など）が取り込
まれると，免疫細胞によって異物と認識されて，排除する機能が働き，
アレルギーの症状が出てしまいます。そのため，アトピー性皮膚炎を治
療しないで放置しておくと，食物抗原によって感作されて，食物アレル
ギーを発症するリスクが高まると考えられます。

3　食物アレルギー児への保育所などの給食における対応

　保育所などで食物アレルギー児を受け入れる場合には，診断書，指示
書と保護者の調査票より，食物アレルギーの症状と除去する食物を正確
に把握します。入所を希望する食物アレルギー児について，給食対応が
可能か，食事環境，緊急時対応について，職員間で個別に手順を確認，
協議します。その後，保護者と面談し，施設側で提供できる内容を示し
て了解を得ます。

　子どもへの対応は，"みんなと同じ"であることが通常は望ましいの
です。しかし，食物アレルギー対応では，「安全面が最優先」されます。
そこで，誰が見ても間違いが起こらないように，除去食の場合には料理
を乗せるトレーや食器の色を変える，食物アレルギー児の机は，食事の
際には他の子どもと離して置くなどの配慮が求められます。

　同じ原因物質であっても，食べられる量や調理法などが異なるので，
個別対応では作業が複雑化して，事故が起こる可能性が高まることもあ
ります。そこで給食では「完全除去」あるいは「解除」の対応が原則で，
食事準備の作業を単純化して，安全性の担保に努めます。

　保育所におけるアレルギー対応については，「保育所におけるアレル
ギー対応ガイドライン」（厚生労働省，2019年）に「保育所におけるアレ
ルギー疾患生活管理指導表」の書式例等が掲載されているので参照する
ことが勧められます。

　また，幼稚園においても，「食物アレルギー対応ガイドブック」「食物
アレルギー緊急時対応マニュアル」等が作成されている地域があります
ので，それらを参照して，日頃から安全管理をする必要があります。

演 習 課 題

①保育の全体的な計画に食育の計画を位置づけるときに，留意すべきこ
　とは何かを考えてみましょう。
②保育所等の子どもたちの食の課題は何かを考えてみましょう。また，

▷5　バリア機能
正常な皮膚では，一番外側
にある角質層がバリア
（壁）となって，皮膚の中
の水分が必要以上に外に出
ることを防いだり，外から
細菌や刺激物などの異物が
入ることを防止したりして
いる。その機能をバリア機
能という。

▷6　食物抗原
アレルギーを起こす原因と
なる食物のことで，アレル
ゲンともいう。

▷7　感作
体内にアレルギーを起こす
物質（抗原）が入ると，そ
れに対する免疫応答の結果，
特異的に反応する抗体やリ
ンパ球を生じる。その後ふ
たたび抗原が体内に入ると
アレルギー反応を起こす。
このようにある抗原に対し，
アレルギー反応を起こしう
る状態にすることを感作と
いう。

その課題解決に向けた有効な方策の具体例を挙げてみましょう。
③保護者に食育の情報を提供する場合，どのような方法が効果的か，情報機器の活用なども含めて考えてみましょう。

参考文献

海老澤元宏・伊藤浩明・藤澤隆夫監修／日本小児アレルギー学会食物アレルギー委員会作成（2016）『食物アレルギー診療ガイドライン2016』協和企画。

厚生労働省（2012）「保育所における食事の提供ガイドライン」。

厚生労働省（2016）「平成27年度乳幼児栄養調査結果の概要」。

厚生労働省（2019）「授乳・離乳支援ガイド」。

厚生労働省雇用均等・児童家庭局保育課（2019）「保育所におけるアレルギー対応ガイドライン」。

こども未来財団（2007）「保育所における食育の計画づくりガイド——子どもが『食を営む力』の基礎を培うために」。

汐見稔幸監修（2017）『保育所保育指針ハンドブック　2017年　告示版』学研教育みらい。

汐見稔幸編著（2017）『平成29年告示　保育所保育指針　まるわかりガイド』チャイルド本社。

新保育士養成講座編纂委員会編（2016）『子どもの食と栄養』全国社会福祉協議会。

堤ちはる・土井正子編著（2018）『子育て・子育ちを支援する　子どもの食と栄養』萌文書林。

堤ちはる・藤澤由美子編著（2018）『子どもの食と栄養』中央法規出版。

Kramer, M. S. and Kakuma, R. (2012) *Optimal duration of exclusive breast-feeding,* Cochrane Database Syst Rev. 8; CD003157.

第 5 章

乳幼児期の発達と運動
....

　子どもは体を動かすことが大好きです。体を動かすことは楽しみでもあり成長のための
刺激にもなります。ここでは運動機能の発達について学ぶとともに，近年の状況を踏まえ
て年齢に応じた子どもの運動を支えることができるよう，運動によって育つ力について学
習します。

1．乳幼児期の運動発達の特徴

　乳幼児期は運動機能が著しく発達する時期です。これは，**筋・骨格系**◁1
の発達によるだけではなく，この時期の神経系の発育によるところが大
きいと考えられています。神経系の中で中心的な役割を果たす中枢神経
系である脳と脊髄の発育は，6歳頃までに大人の約90％にまで達すると
いわれています。脳重量が増大し，**酸素消費量**◁2も増え，脳は大きさ・機
能の両面で顕著な発育を遂げます。脳の中では神経細胞が神経線維を活
発に伸ばして複雑なネットワークを形成し，膨大な量の情報処理を可能
とする準備ができ上がり，運動能力の向上に結び付きます。乳幼児期は，
このように運動発達の生涯の基礎が築かれていく時期なのです。

1　運動発達の原則

　運動機能の発達は，無秩序に進んでいくのではなく，以下に示すよう
に一定の順序・方向に従って進行する傾向があります（図5-1）。

　① 頭部から脚の方へ（上から下へ）

　くびのすわり→寝返り→おすわり→つかまり立ち→一人歩き，の順で
発達します。

　② 体の中心部から末端の方向へ

　体幹（胴体）が先に発達し，その後に腕，手，指など，先端の方へと
発達します。

　③ 粗大な運動から微細な運動へ

　体の移動，姿勢転換などの大きな運動（粗大運動）の発達が先行し，
手や指を動かすなど細かな運動（微細運動）へと発達が進んでいきます。

2　乳児期の運動発達

　生まれたばかりの新生児には，すでに様々な能力が備わっていること

▷1　筋・骨格系
筋肉と骨，それらに付随す
る軟骨，靱帯，膜構造など。

▷2　酸素消費量
酸素を用いてエネルギーを
引き出す際に酸素が消費さ
れる量。

図 5 - 1　発育の方向性

出典：井上勝子編著（2006）
『運動遊び──すこやかな
子どもの心と体を育む』
建帛社，7頁。

▷3　カタカナでヒトと書
くと生物としての人間を指
す習慣になっている。

▷4　ポルトマン（Portmann,
A., 1897-1982）
スイスの生物学者。人間を
生物学的に研究し，教育学
などに大きな影響を与えた。
▷5　ポルトマン A., 高木
正孝訳（1961）『人間はど
こまで動物か』岩波書店。
▷6　生理的早産
正常な状態で本来生まれる
時期よりも早く生まれてし
まうこと。生理的とは医学
用語で「正常な状態で」と
いう意味。

が知られています。しかし，運動発達とい
う視点でみると，ヒト[3]の新生児は養育者か
ら世話を受けなければ生活することができ
ないきわめて未熟な存在です。ヒト以外の
多くの哺乳類が生後数時間もたたないうち
に自分の力で立ち上がり，母乳を求めるこ
とができることと比較すると，生まれて間
もないヒトの未熟さが理解できます。20世
紀初頭に活躍したスイスの生物学者ポルト
マン[4]は，人間は本来生まれる時期よりも約
1年早く生まれると指摘しています[5]。これ
は生理的早産[6]といわれています。言い換えるとヒトの子どもは他の動物
よりも多くの可能性を残しているということです。人間の子どもの将来
は，生まれ落ちてからの環境によって大きく左右されるため，生後1年
間の養育者の関わりは，非常に重要であるといえます。

　乳児期の運動発達は著しく，生後1年前後で立って歩けるようになり
ます。いわゆる直立二足歩行が可能になるのです。この直立二足歩行は，
ヒトが属するグループである哺乳類の中でヒトのみにみられる特徴で，
直立することはそもそも無理のある不自然な姿勢であり，ましてや二本
足で歩くということは困難を伴う移動方法です。

　それにもかかわらず，子どもは立ち上がり一人で歩き始めます。この
姿を見て周囲の大人たちはたいへん喜びますが，それは，この出来事が
本来の意味での人間としてのスタートを感じさせるためでしょう。

①原始反射

　新生児には，生まれつき外界からの刺激に対して反応するいくつかの
反射運動が備わっています。これらは「原始反射」と呼ばれています。
原始反射は，ヒトが生命を維持するために生まれながらに備わっている
能力であり，脊髄，延髄，脳幹によって支えられています。しかし，大
脳皮質の発達に伴って運動が大脳皮質のコントロール下に置かれると，
これらの原始反射はみられなくなります。この現象は原始反射の消失と
呼ばれます。消失時期は，反射の種類によって異なりますが，以下に示
したものは生後4〜5か月頃までには消失します。

（1）　哺乳反射……頬に母親の指や乳首などが触れると反射的に頭を回
　　して探す運動が生じます（探索反射）。そして，唇と舌で捉え（捕捉
　　反射）吸う運動が起こり（吸啜反射），ミルクが飲み込まれます（嚥
　　下反射）。

(2)　把握反射……手のひらに何かが触れると，それを握る運動が生じ
　　ます。乳児期には，足でも同じような反応がみられます。

(3)　緊張性頸反射……あお向けに寝ている乳児の頭を左右に向けると，
　　向けた側の手足が伸び，反対側の手足は曲がります。

(4)　モロー反射……あお向けに寝ている乳児の頭を後方に急に落下さ
　　せるときにみられる反射で，手足を大きく広げ，続いて何かにしが
　　みつくような運動が生じます。

②粗大運動の発達

　粗大運動とは，主に体を移動させたり，姿勢を変換させたりする**大筋
活動**を指します。誕生から生後 1 〜 2 か月頃までは，両手両足をただバ
タバタと動かすような，意思を伴わない無目的な不随運動ですが，次第
に自分の意思で目的をもって動く随意運動がみられるようになります。

　生後 3 〜 4 か月頃になると，半数以上の子どもは首をコントロールす
ることができるようになります。これが「首のすわり」です。「首がす
わる」という言葉は，単に赤ちゃんの頭を外部から支えていなくてもよ
い状態になったことを意味するものではありません。赤ちゃんが自分の
意思で頭の向きを自由に変えられるようになることです。首がすわると
は，筋力と神経系の発達に支えられた一つの随意運動の獲得ということ
になります。この頃は，自分の手を見てなめようとしたり，手と手，足
と足を合わせたりして，自分の体で遊ぶこともできるようになります。

　生後 4 〜 5 か月頃に「寝返り」ができるようになります。6 か月頃に
なると，お腹を支点にして体の向きを変えることができるようになりま
す。手を口まで持っていく，手で足を触るなど，自分の体で遊ぶ様子も
活発になり，そのうち足を持ち上げてその足をなめて遊ぶなど，体がか
なり自分の思うように動くようになります。

　生後 7 〜 8 か月頃には「おすわり」ができるようになります。初めの
頃は背中が丸く外部から支えていないと倒れてしまう不安定な状態です
が，次第に背すじが伸びてきて，安定したおすわりができるようになり
ます。また，「ハイハイ」で移動できるようになるのもこの頃です。

　生後 8 〜 9 か月頃には「つかまり立ち」ができるようになります。生
後 1 年経つと，ほぼ半数が一人で歩くことができるようになりますが，
個人差が大きくほとんどの子どもが一人歩きができるようになるのは生
後 1 年 3 〜 4 か月頃です（図 5 - 2）。

　以上，運動発達の節目について述べましたが，発達は連続的なもので
あり，ここに示した可能月齢はあくまでも標準的な場合を示した参考値
です。図 5 - 3 に厚生労働省から発表されている幼児の運動機能の通過

▷7　大筋活動
足や背中にある大きな筋肉
（大腿四頭筋，広背筋な
ど）を使った活動。

図5-2 乳幼児の身体運動の発達

0か月
胎児姿勢

1か月
顎をもちあげる

2か月
腕をもちあげる

3か月
手を伸ばすがさわれない

4か月
支えれば座る

5か月
膝の上に座る，物を握る

6か月
高い椅子に座る
ぶらさがった物をつかむ

7か月
ひとりで座る

8か月
助ければ立っている

9か月
家具につかまって立っている

10か月
四つん這いする

11か月
手を引けば歩く

12か月
家具につかまり立ち上がる

13か月
階段を上がる

14か月
ひとりで立つ

15か月
ひとりで歩く

出典：井上勝子編著（2006）『運動遊び——すこやかな子どもの心と体を育む』建帛社，7頁。

率を示します。

　このように，運動発達は筋・骨格系，神経系など，体の発育が関与するのはもちろんですが，乳児の興味・関心，意欲，そして，それを支える周囲の大人の温かい励ましと見守りが大きく関わります。

　子どもの運動発達は，感覚器▷8の発達と相互的な関係があります。運動機能の発達によって子どもが感覚器から取り入れる情報は飛躍的に多くなります。ただ天井を見るという平面的なものであった子どもの視界は，寝返り，おすわりなどの姿勢の転換によって，奥行きと広がりのある空間的な世界へと劇的な変化を遂げます。また，運動機能の発達が他の運動機能の発達を促します。おすわりができるようになることによって，手が身体を支えることから開放され，玩具を使って遊ぶ機会が増え，手・指の運動発達や手触りなどの発達を促します。ハイハイによる移動運動は，自分の目的をかなえるために行きたいところに行くという欲求

▷8　感覚器
眼，耳，鼻，舌，皮膚など。感覚器とは感覚を受け入れる入口である。感覚とは情報の取り入れであり，ヒトの場合は視覚，聴覚，平衡覚，嗅覚，味覚，触覚，痛覚，温度覚などがある。

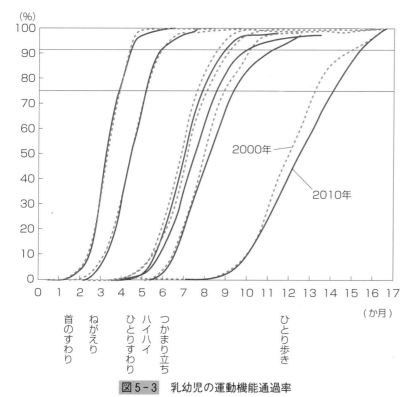

<figcaption>図5-3　乳幼児の運動機能通過率</figcaption>

出典：厚生労働省（2011）「平成22年 乳幼児身体発育調査」より改変。

を満足させ，子どもの興味・関心を育て，心の成長をもたらします。ま
た，立って歩くことができるようになってからでも，ハイハイは十分経
験させることが大切です。体重を腕，脚で支えるハイハイでの移動は骨
や筋肉の強化につながり，その後の運動発達の基礎となります。この時
期の運動発達は，感覚の発達及び心の成長との相乗効果が得られる関係
にあります。

③微細運動の発達

　微細運動とは，手や指の操作を中心とした細かな活動を指します。出
生時には手を握った状態のままであった新生児は，1年も経つと，親指
と人差し指を使って玩具をつかんだり，小さなものでもつまんで持ち上
げたりすることができるまでになります。また，手のひら全体をかたま
りのように使っていた乳児は，生後9か月頃には母指対向が確立し，指
の動きが分化するとともに複雑な動きもできるようになります。

　生後2か月頃，把握反射は少し残ってはいるものの，手は主に開いて
いることが多くなります。生後3〜4か月頃になると把握反射が消失し，
玩具を手の中に入れると持つという動作ができるようになります。5か
月頃には手を伸ばして自分から玩具をつかむようになります。この頃は

▷9　母指対向
親指と他の4本指が向かい
合うという意味。これはヒ
トと一部の動物だけにみら
れる特徴的な能力であり，
その他の種類の動物ではほ
とんどみられない，といわ
れている。

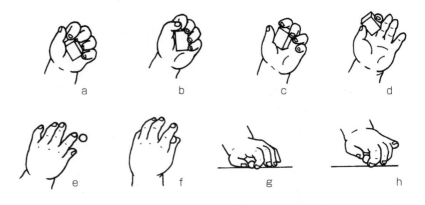

a：手掌でつかむ（5か月）　　　b：手全体でつかむ（6か月）
c：橈骨側でつかむ（7～8か月）　d：親指と人さし指でつかむ（10～12か月）
e：指を伸ばしてさわる（6～7か月）f：挟みもち（9～10か月）
g：机につけたままつまむ（11か月）h：持ちあげられる（12か月）

図5-4　物のつかみ方の発達

出典：菊池秀範・石井美晴編著（2008）『新訂子どもと健康』萌文書林，22頁。

まだ，両手で同時にものを持つことが難しいのですが，6か月頃にはそれも可能となり，持ちかえることもできるようになります。そして，手・指の発達は，おすわりができるようになることが発達の後押しになり，さらに顕著になります（図5-4）。

　大脳皮質にある運動野という部分では，対応する体の各部位が決まっています。これを機能局在といいます。大脳皮質の運動野の中で，手・指の運動を支配する部位は広い範囲を占めており，「手は前方につきでた脳の一部である」という表現があります。また，逆に手・指の運動は脳の働きの活性にもつながることが知られています。

▷10　1950年にアメリカの脳外科医ペンフィールドによって発表された。

③　幼児期の運動発達

　幼児期もまた運動発達の基礎を築く大切な時期です。1歳頃，ようやく歩けるようになった乳児ですが，幼児期後半にはたくさんの種類の運動ができるようになり，その上達も著しくなります。そのため，保育者に大切なことは，幼児期にふさわしい生活，遊びの体験を通して，多くの運動感覚を育てていくという認識です。

①基本的な動作の獲得

　幼児期の運動能力の発達は，驚くほど速いものです。子どもが元気に遊びまわっている姿を見れば，運動能力が日々向上していることがわかります。運動能力の向上は，ある動作ができるようになる「動作の獲得」，そして，すでにできるようになっている動作がさらに上手になる「動作の上達」と分けて考えると理解しやすくなります。

　1歳前後で歩くことができるようになった子どもは，2歳頃には上手に歩くことができるようになります。歩き始めの頃の歩行は，足を左右に開いて安定感をよくし，両手を振らずに挙げてバランスをとりながら歩く「よちよち歩き」です。2歳頃の歩行はやや上達し，子どもは転ぶことが少なくなります。また，この頃はぎこちないながら，走る運動も見られるようになります。2歳児は歩く動作が上達し，走る動作を獲得する時期です。3歳頃には走ることも上手になり，運動会の競技ではゴールを目指してまっすぐ走る姿が見られます。このように，移動運動の基礎は3歳頃までに，ほぼ確立されます。

　2〜3歳頃からは，跳ぶ，投げる，転がるなど運動の基本となる多くの動作が盛んに見られるようになります。そして，7歳頃までに約80種の**基本動作**が獲得されることが知られています（表5-1）。この基本動作の数は，大人でみられる基本動作とほぼ同数であり，運動のバリエーションという点でみると，この頃までにほぼ大人並みの能力にまで達することを示しています。

　幼児期は乳児期以上に多くの動作を獲得すると同時に身のこなしがよくなり，運動が上手になる時期です。走る，投げる，跳ぶなどの基本的な運動を例としてみると，3歳児ではかなり未熟であっても，6歳頃には無駄な動きが少なくなり，フォームが洗練され，運動成果も著しく向上します。

②生活の中にみられる運動の発達

　ここでは生活や遊びの中にみられるいくつかの動作や運動を参考にして，幼児期の運動発達についてみてみましょう。手・指を使った小筋活動では「絵本の頁を1枚ずつめくる」「はさみを使って紙を切る」「ボタンを一人でかける」「靴下をはく」は3歳頃までにほとんどの子どもができるようになり，手・指の発達については，機能的には幼児期までに身の回りのことはほとんどできるようになります。「ひもを結ぶ」ことは幼児期にはまだ難しく，「ちょう結びに結べる」は6歳女児でようやく半数以上，男児では3割に満たないとされています。

　一方，全身を使うような大筋活動の発達では，細やかな動きを必要とする小筋活動よりも早く発達する傾向がみられます。歩く，走るなどの移動運動は3歳頃までにほぼ完成され，移動運動の中でも「敷居の上を渡る」「階段を昇り降りする」など，少し変化のある移動運動に関しても4歳頃までにはほぼできるようになります。遊びの中でよくみられる片足とび（ケンケン）については，2歳後半頃からできる子どもの割合が増え，4歳頃にはほとんどの子どもができるようになります。同じ片

▷11　**基本動作**
立つ，かがむ，寝るなど安定に関わる動作，歩く，走る，のぼるなど移動に関わる動作，もつ，はこぶ，ささえるなど物を操作する動作などの種類に分類される。

表5-1 子どもの基本的な動作とその分類

カテゴリ	動作の内容	動作
安定性	姿勢変化・平衡動作	たつ・たちあがる　かがむ・しゃがむ　ねる・ねころぶ　まわる・ころがる　さかだちする　おきる・おきあがる　つみかさなる・くむ　のる　のりまわす　わたる　わたりあるく　ぶらさがる　うく
移動動作	上下動作	のぼる　あがる・とびのる　とびつく　とびあがる　はいのぼる・よじのぼる　おりる　とびおりる　すべりおりる　とびこす
	水平動作	はう　およぐ　あるく　ふむ　すべる　はしる・かける・かけっこする　スキップ・ホップする　2ステップ・ワルツする　ギャロップする　おう・おいかける　とぶ
	回避動作	かわす　かくれる　くぐる・くぐりぬける　もぐる　にげる・にげまわる　とまる　はいる・はいりこむ
操作動作	荷重動作	かつぐ　ささえる　はこぶ・はこびいれる　もつ・もちあげる・もちかえる　あげる　うごかす　こぐ　おこす・ひっぱりおこす　おす・おしだす　おさえる・おさえつける　つきおとす　なげおとす　おぶう・おぶさる
	脱荷重動作	おろす・かかえておろす　うかべる　おりる　もたれる　もたれかかる
	捕捉動作	つかむ・つかまえる　とめる　あてる・なげあてる・ぶつける　いれる・なげいれる　うける　うけとめる　わたす　ふる・ふりまわす　まわす　つむ・つみあげる　ころがす　ほる
	攻撃的動作	たたく　つく　うつ・うちあげる・うちとばす　わる　なげる・なげあげる　くずす　ける・けりとばす　たおす・おしたおす　しばる・しばりつける　あたる・ぶつかる　ひく・ひっぱる　ふりおとす　すもうをとる

出典：石河利寛ほか（1980）「幼稚園における体育カリキュラムの作成に関する研究 I」『体育科学』8，152頁。

足の運動でも片足で立ち続けることは幼児にとって難しく，10秒間立ち続けることができるようになる子どもが増えるのは4歳頃からで，ほとんどの子どもができるようになるのは5歳頃です。片足の動作がポイントとなる運動のうち，子どもの遊びによくみられるものの一つにスキップがあります。スキップができるようになるのは片足ケンケンよりも遅く，3歳中頃からできる子どもが増え，4歳後半の時点でできる子どもの割合は男児約70％，女児約90％となります。鉄棒，跳び箱は幼稚園・保育所などで保有率が高い遊具ですが，逆上がりや開脚とびは幼児期には難しく，6歳になってからでもできない子どもが少なくありません。しかしこれらは運動経験の量によって異なり，興味をもって取り組む機会が多ければ多いほどできるようになる可能性は高いことが知られています。高い運動技術を伴う遊びに対して興味をもっている子どもは多く，

挑戦してみてできたときの喜びは大きな自信や次への意欲につながります。これら比較的高い運動技術が要求される運動については，個人差を考慮した上でやってみたくなる環境と，安全面を十分に配慮した保育者の援助が必要です。

2．体力・運動能力の発達と援助

　乳幼児期は多くの動作ができるようになる時期であると同時に，体力・運動能力が発達する時期です。

　体力は，走ったり跳んだりする能力である行動体力（筋力，持久力，調整力）と，暑さや寒さ，病気，身体的ストレスなどに対応する防衛体力（抵抗力）に分類されます（図5-5）。すなわち，体力とは生きていく能力，または生活していく能力と言い換えることができます。ここでは行動体力（以下，体力）について考えていきます。

　乳幼児期は，体力の要素の中で，神経系が関与する調整力が特に発達する時期で，調整力発達の「敏感期」[12]といわれています。調整力とは体を上手にコントロールする能力，いわゆる「身のこなし」「運動のセンス」と考えるとわかりやすいでしょう。調整力には平衡性[13]，敏捷性[14]，協応性[15]，巧緻性[16]が含まれます。一方，筋力[17]や持久力[18]は，乳幼児期にはまだ十分に発達する時期ではなく，運動の効果は思春期になってから顕著に現れるようになります。この時期は，特定の能力を伸ばそうとするよりも，全身を使った遊びを幅広く体験させる方が効果的であり，望ましいといえます。

　幼児期は調整力の発達に伴って走る，跳ぶ，投げる，バランスをとるなどの運動能力も著しく向上します。幼児の運動能力については全国的なレベルで運動能力測定が実施されていますので，幼稚園・保育所などでは，自園で運動能力測定を実施し，その結果を全国調査の測定値[19]と比較して実態を把握し指導計画を立てるときの参考としたり，日々の遊びの中で指導や援助をするための手がかりとしたりしている園も多くみられます。運動能力測定資料は体を動かす全ての活動を援助するための基礎資料としての利用価値が高いものとなっています。

　ある幼稚園では毎年，運動能力測定を実施しています。その結果を冊子にして担任のコメントとともに保護者に配布して喜ばれています。担任のコメントの一部を紹介すると「Aちゃんは運動会でリレー選手として一生懸命走りました。運動会が終わってからもリレーごっこをして走ることを楽しんでいます。そのおかげか走る力がとても伸びています」

▷ 12　敏感期
学習の効果がよく現れる一定の時期を指す。
▷ 13　平衡性
バランスを保つ能力。
▷ 14　敏捷性
すばやく動く能力。
▷ 15　協応性
異なる動きを協調させる能力。
▷ 16　巧緻性
動作をまとめる能力。
▷ 17　筋力
力を瞬間的に発揮したり，発揮し続けたりする能力。
▷ 18　持久力
運動を長く続ける能力。
▷ 19　測定方法については東京教育大学体育心理学研究室作成の運動能力検査とその改訂版を用いて測定されている。「MKS 幼児運動能力検査」としてWEB 上に公開されている。

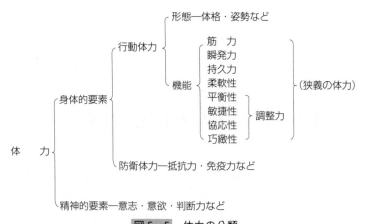

形態—体格・姿勢など

行動体力
　機能
　　筋　力
　　瞬発力
　　持久力
　　柔軟性
　　平衡性
　　敏捷性
　　協応性
　　巧緻性
　　調整力
　（狭義の体力）

身体的要素

防衛体力—抵抗力・免疫力など

体　力

精神的要素—意志・意欲・判断力など

図5-5　体力の分類

出典：猪飼道夫（1969）『運動生理学入門』杏林書院より一部改変。

「Ｂちゃんはブランコや鉄棒が大好きで，いつも外で体を動かして遊んでいます。昨年より動くことに積極的になって運動能力が全体的に伸びています」などです。この記録は３歳から５歳まで蓄積され，成長の記録として卒園のときに保護者に贈られます。

　幼児期は筋力・持続力などの特定の能力を向上させることを考えなくてもよい時期です。むしろ調整力などの全身が関連する能力の向上が大切であるといえます。

　健康で体力のある子どもに育ってほしいという願いは，子どもを見守る大人の共通の願いであり，保育の目標に「体力づくり」が挙げられることも少なくありません。しかし，保育者の願いが強いあまり，知らず知らずに運動することを押し付けてしまうこともあります。特に，特定の能力，たとえば持久力を取り出して「園庭をただ，ぐるぐる走るだけ」を体力づくりのために実施することは好ましくありません。たとえば鬼ごっこは，追いかけたり逃げたりするスリル，捕まえたときの達成感，鬼から身をかわしたときのうれしさなど，たくさんの楽しさが内在していますので，長い時間，体を動かすことができます。このように楽しさの中に身をおいた結果として，持久力や調整力などが高まっていきます。子どもの心身の発達を踏まえて無理のない遊びを選択し，体力や運動能力が自然に高まっていくように援助することが大切です。

3．心の発達と運動

1　社会性の発達と運動

　運動遊びには社会性の発達を促す場面がたくさんあります。社会性とは何でしょうか。社会性とは自分以外の人と関わりをもつ能力のことです。たとえば遊具を使って遊んでいるときは，取り合いになることもあります。しかし，すぐに使いたいけれど今は我慢する，順番を守って後から使うなど，譲り譲られるという他者との関係が生まれます。相手の気持ちを考え，相手を思いやることができるようになっていきます。これは社会性の第一歩であると考えられます。[20]

　他者との関わりの視点から運動遊びをみてみると，ひとり遊び→傍観→集団ひとり遊び→協同遊び→組織的遊び，と発達していくことが知られています。ひとり遊びの状況から，3歳頃には友達を意識して仲間との遊びに興味を示すようになり，4，5歳ともなればその意識は高まり，集団での遊びを楽しむようになります。集団遊びではルールを守ることの意味を学びます。ルールを守るとは，たとえばドッジボールではゲームの中でボールに当たったら外野に出なければいけません。出たくないと思っても内野に留まっているわけにはいきません。多くのルールを守ることによって楽しく遊ぶことができることに気付いていきます。また，集団遊びには勝敗を伴う場面が多くみられます。勝つために味方と作戦を練ったり，作戦を実行するにあたっては協力したりと，協調性やコミュニケーション能力を必要とする場面が多くみられます。

　運動をよくする子どもほど友達関係が良好で，社交的でリーダー的な特徴などが備わっており，社会性が向上する傾向がみられることが報告されています。[21]

2　知的な発達と運動

　体の成長とともに脳も発達していきます。それに伴って認知機能も発達します。その例として明確なものは，形，色，数，速さなどに対する認識が明確になることです。3歳児ともなれば色や形をある程度理解するようになります。たとえば鬼ごっこの場合，鬼が指示した円形，三角形，四角形などの形をした陣地に逃げる遊びや，指示された色にタッチする遊びを楽しめるようになります。4，5歳頃には，数や速さに対する認識も進み，ドッジボール，玉入れなどの集団ゲームで人数や玉の数で勝敗を競うことを楽しむようになります。また，この頃になるとチー

▷20　第8章参照。

▷21　杉原隆ほか（2010）「幼児の運動能力と運動指導ならびに性格との関係」『体育の科学』60（5），341〜347頁。

ムで競争して速さを競うことにも楽しさを感じるようになります。空間の認識能力や身体感覚の認識なども運動遊びの中でこそ体験を通して身に付いていく能力です。

　運動遊びは言語能力の発達にも大きく関わります。ルールを理解する，相手の主張を理解する，自分の気持ちを伝える，作戦を立てそれを共有するなどです。これら言葉の発達は運動遊びによって向上する能力として挙げることができます。

　このように運動遊びには知的な発達を促す場面が多くみられ，将来学ぶ教科の基礎を築くことができるのです。

演習課題

①具体的な運動遊びを一つ選んで，育つことが期待される力について話し合ってみましょう（他の領域の視点も含む）。
②多様な動きを経験することが大切な理由について，乳幼児期の運動発達の特徴を踏まえて考えてみましょう。

参考文献
猪飼道夫（1969）『運動生理学入門』杏林書院。
石河利寛ほか（1980）「幼稚園における体育カリキュラムの作成に関する研究Ⅰ」『体育科学』8，150〜155頁。
井上勝子編著（2006）『運動遊び──すこやかな子どもの心と体を育む』建帛社。
岩崎洋子編（2008）『保育と幼児期の運動あそび』萌文書林。
河邉貴子・柴崎正行・杉原隆編（2009）『保育内容「健康」』（最新保育講座7）ミネルヴァ書房。
菊池秀範・石井美晴編著（2008）『新訂子どもと健康』萌文書林。
厚生労働省（2011）「平成22年　乳幼児身体発育調査」。
榊原洋一（1995）『ヒトの発達とは何か』筑摩書房。
杉原隆ほか（2010）「幼児の運動能力と運動指導ならびに性格との関係」『体育の科学』60(5)，341〜347頁。
野井真吾（2007）『からだの"おかしさ"を科学する』かもがわ出版。
ポルトマン A.，高木正孝訳（1961）『人間はどこまで動物か』岩波書店。
村山貞夫（1987）『日本の幼児の成長・発達に関する総合調査』サンマーク出版。

第 6 章

乳幼児期の安全

子どもたちが明るく伸び伸びと行動し充実した生活を送るためには，安全な環境の中で心身の発達が保障されることが前提です。園が安全な環境づくりを行い，子ども自身の安全に対する能力を育て，見通しをもって行動できるようにすることが重要です。この章では，乳幼児期の安全な生活について考えます。

子どもたちの健康，安全で幸福な生活のために必要な基本的な生活習慣を形成し，心身の調和的発達を図ることは教育・保育の目標です。特に心身ともに未発達な子どもたちが，安全で快適な生活を送ることができるようにするためには，幼稚園や保育所等の役割は大きく，保育者が子どもの安全能力を培うための安全な環境づくりや効果的な指導を行っていくことが重要です。また，子ども自身が危険に気付いて自分を守ろうとする安全に対する能力を養うことが大切です。そのために各園では，安全な環境づくりとともに，子どもたちの安全に対する能力を育てていくことで事故防止に努めていく必要があります。

1．子どもの行動の特徴について

子どもの安全能力を培うための安全な環境づくりや安全についての効果的な指導においては，保育者が子どもの実態や発達の特徴をよく理解し，事故発生の要因を予測したり対策を考えることが重要です。子どもには，安全に関する知識や能力がまだ備わっていないため，保育者や保護者など周りの大人が安全を管理し保護していく必要があります。そのため，子どもの行動の特徴を捉え，指導に生かすことが大切です。

① 人との関わりの面からみた特徴
- 大人への依存度がきわめて高い
- 友達やそばにいる人につられて行動することが多い
- 自己中心性が強く，他者の状況を理解しにくい

② 身体的な面からみた特徴
- 頭が大きくバランスが悪い，重心が高いため転倒，落下しやすい
- 手指の巧緻性が未発達である
- 運動機能が十分に発達していないため敏捷性，平衡感覚が未発達である

③　知的な面からみた特徴

- 興味のないことは意識に残らず記憶しにくい
- 危険を予知する能力がきわめて低い
- 状況把握ができず，判断力が弱い
- 自己の体験にないことは理解しにくい

④　行動の面からみた特徴

- 物陰やすきまで遊ぶことが好きである
- 自分の思いのままに行動し，周りがみえなくなる
- 危険や恐怖に臆病だが，危険を認知できないことが多い

2. 子どもの事故やけがの要因と発生場所

　現在，わが国では1歳から14歳までの年齢層において，不慮の事故が死因別順位の1位を占めています。また，転倒，落下，衝突等の事件・事故は，日常生活の様々な場面で起きています。

　2017年改訂の幼稚園教育要領では，「第2章　ねらい及び内容」の領域「健康」の「3　内容の取扱い」(6) 安全に関する指導について，園生活の中で遊びを通して安全に関する経験を積み重ねていくことが重要であり，安全についての構えを身に付けることで危険を回避できるようにしていくこと，交通安全や避難訓練などを通して，災害などの危険時に適切な行動がとれるようにすることの記述が加えられました。

　安全についての構えを身に付けるとは，子どもが自分で状況に応じて機敏に体を動かし，危険を回避するようになることであり，安全な方法で行動しようとするようになることです。子どもたちは，日常生活の中で十分に体を動かして遊ぶことを楽しみながら，危険な場所，事物，状況を知り，どのように行動したらよいかを体験を通して身に付けていきます。しかし，現代社会は，子どもを取り巻く環境の変化により，遊ぶ場所や遊ぶ友達がいないなど，戸外で十分に体を動かして遊ぶ経験が減少しています。また，周りの大人が安全を気にするあまり過保護や過介入になることで，子どもに危険を避ける能力が育たず，けがが多くなる状況を生み出し，安全についての構えを身に付けることが難しくなっています。子ども自身が「危なそうだから，気を付けよう」「危ないから，違う方法でやろう」と，具体的な場面の中で考えて行動できるような状況をつくり出していくことが求められています。保育者は，子どもが自分で危険を察知し，未然にけがを防ぐために必要な安全についての構えを身に付けることができるように援助をすることが重要です。

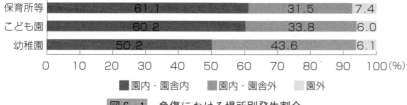

図6-1　負傷における場所別発生割合

出典：日本スポーツ振興センター学校安全部（2018）「学校管理下の災害（平成30年度版）」より作成。

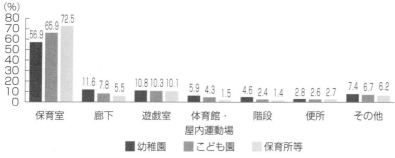

図6-2　負傷における場所別発生割合・園舎内

出典：日本スポーツ振興センター学校安全部（2018）「学校管理下の災害（平成30年度版）」より作成。

1　子どもの事故やけがの発生場所

日本スポーツ振興センターの学校管理下における事故として，2018年度に医療費の給付が行われた負傷における場所別発生割合（幼稚園・こども園・保育所等）からみると，幼稚園では「園舎内」と「園舎外」の事故発生割合はほぼ半々であり，こども園と保育所等では「園舎外」よりも「園舎内」の方が約1割多く負傷事故が起こっています（図6-1）。また，「園舎内」では，幼稚園・こども園・保育所の「保育室」での負傷事故が圧倒的に多く，次に多いのが「遊戯室」「廊下」です（図6-2）。

2　けがの起こりやすい部位と負傷種類別状況

乳幼児期にけがの起こりやすい部位の傾向をみると（図6-3），負傷の報告数のうちのほぼ5割が「顔部」の負傷です。「顔部」の中でも「眼部」と「歯部」が多く報告されています。2番目には「上肢部」の負傷が多く，「上肢部」の中でも「手・手指部」「肘部」の負傷が多く報告されています。3番目に「下肢部」，4番目に「頭部」の負傷が多くみられます。また，幼稚園・こども園・保育所等ともに「頭部」及び「顔部」で全体の約6割を占め，首より上の負傷が多いことがわかります。子どもの行動の特徴でも述べたように，乳幼児は，頭が大きく重心が高いためバランスを崩しやすく転倒し，頭部や顔部を負傷する割合が

▷1　独立行政法人日本スポーツ振興センターとは日本のスポーツ振興団体である。独立行政法人日本スポーツ振興センター法（平成14年法律第162号）及び独立行政法人通則法（平成11年法律第103号）に基づいて設置された。法人設立の趣旨は国民の健康増進である。

日本スポーツ振興センター学校安全部「学校管理下の災害（平成30年度版）」には独立行政法人日本スポーツ振興センターが2017年度に「死亡見舞金」「障害見舞金」「供花料」を支給した全事例479件を整理，分類し，統計的に死亡，障害の発生の傾向を示すとともに，発生状況を掲載した。2017年度に初めて医療費の給付を行った負傷・疾病の件数を掲載した。

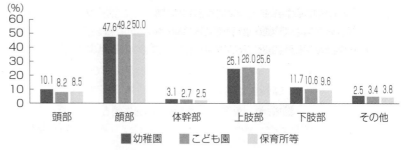

図6-3　負傷における部位別発生割合

出典：日本スポーツ振興センター学校安全部（2018）「学校管理下の災害（平成30年度版）」より作成。

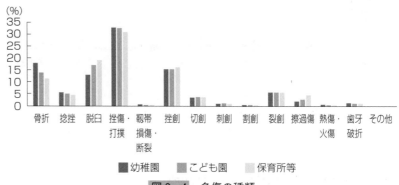

図6-4　負傷の種類

出典：日本スポーツ振興センター学校安全部（2018）「学校管理下の災害（平成30年度版）」より作成。

高いと考えられます。

3　負傷種類別の状況

　負傷の種類としては，幼稚園・こども園・保育所等で「挫傷・打撲」が全体の負傷数の3割と一番多く，次に「挫創」「脱臼」「骨折」等が1～2割弱みられます（図6-4）。

4　事故やけがの起こりやすい遊具

　園舎外にある固定遊具（図6-5）では，幼稚園・保育所等ともに「すべり台」での負傷，こども園では，「総合遊具・アスレチック」での負傷が多くなっています。その他，「砂場」「鉄棒」「雲てい」等が多くみられます。

　幼稚園には，幼稚園設置の最低基準を定めた幼稚園設置基準があります。この基準は，1995年に一部改正がされるまで，幼稚園には，すべり台，ブランコ，砂場の他，机，腰掛，積み木，玩具，絵本，ピアノまたはオルガン，簡易楽器などの園具及び教具を置かなければならないこと

▷2　昭和31年文部省令第32号。学校教育法第3条の規定に基づき，幼稚園を設置するのに必要な最低の基準を定めた文部省（現：文部科学省）の省令。

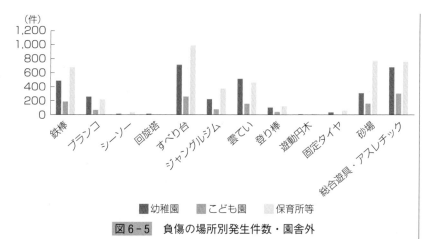

図6-5　負傷の場所別発生件数・園舎外

出典：日本スポーツ振興センター学校安全部（2018）「学校管理下の災害（平成30年度版）」より作成。

が規定されていました。しかし，この一部改定に伴い，「幼稚園に備えなければならない園具及び教具についての規定の大綱化」が実施され，各園において教育上必要な園具及び教具を備えればよいことになりました。また，これらの園具・教具について，常に改善し，補充しなければならないことが明示されました。この改定に伴い，ブランコは頭部にけがをするなどの重大な事故になることも多く，園によっては撤去したり，使用する時期を決めたり，また，保育者の監視下で使用するという制限を設けたりする園が増えました。以前は，すべり台の次にブランコの負傷事故が多く報告されていましたが，ブランコによる負傷事故の報告が少なくなっています。

5　事故やけがの起こりやすい時期

①月　別

　負傷における月別発生の割合をみると（図6-6），「5月」「6月」「10月」に発生割合が高いことがわかります。4月に入園・進級した子どもたちが園生活に慣れ，5〜6月に活発に活動するようになり，それに伴い負傷することが多くなると考えられます。また，10月は運動会への取り組みが考えられます。入園当初は，様々な場所や遊具等の使い方・遊び方を丁寧に指導していく必要があります。年間を通し負傷事故が起こっていることを考えると，遊具の扱い方等については，子どもたちの活動状況や使用状況により再確認をし，子ども自身が考えて行動できるようにすることが重要です。保育者は，子どもの遊びや生活の状況を常に把握し環境を整え，繰り返し指導していくことが大切です。

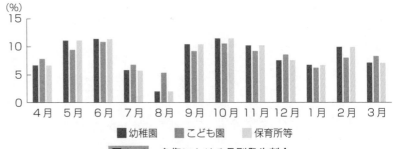

(%)

図6-6 負傷における月別発生割合

出典：日本スポーツ振興センター学校安全部（2018）「学校管理下の災害（平成30年度版）」より作成。

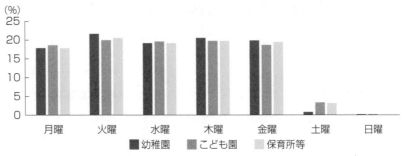

(%)

図6-7 負傷における曜日別発生割合

出典：日本スポーツ振興センター学校安全部（2018）「学校管理下の災害（平成30年度版）」より作成。

②曜日別

　負傷における曜日別発生割合（図6-7）は，「月曜日」が他の曜日に比べごくわずかですが負傷事故が少ないことがわかりますが，「月曜日」は休みの割合が他の曜日より多いことも影響していると考えられます。「土曜日」「日曜日」以外の曜日の有意差はなく，ほぼ同じような状況で，どの曜日も事故は起こりやすく，常に安全教育の推進が求められます。

③時間別

　幼稚園で負傷の発生が一番多い時間（図6-8）は，「13～14時」で，昼食後に疲れが出てきて集中力が低くなる時間に負傷事故が多くなると考えられます。こども園・保育所等では，「10～11時」とその前後に負傷が最も多く発生しています。「10～11時」は，幼稚園でも2番目に多く，活動が一番活発になる時間で負傷も多くなると考えられます。また，幼稚園の「14～15時」，こども園・保育所等の「16～17時」は降園の時間にもなり，園庭開放中の事故や帰宅途中の負傷事故が考えられます。家庭と連携し，子どもたちの安全を守っていくことが大切です。

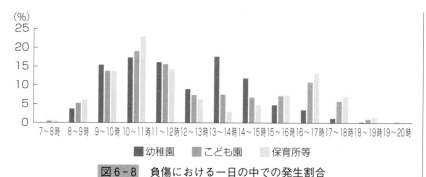

図6-8　負傷における一日の中での発生割合

出典：日本スポーツ振興センター学校安全部（2018）「学校管理下の災害（平成30年度版）」より作成。

3．安全教育と安全管理の必要性

　子どもの安全教育は，安全な行動を身に付けさせるための安全教育と子どもを保護し安全な環境を用意する安全管理の2つの側面があります。子どもの行動の特性の理解と環境の整備によって大部分の事故は防止可能です。しかし，子どもの成長に伴って，子ども自身が安全や危険を認識して対応することが必要です。子どもが一時的に禁止を理解し従うようになるのは1歳3か月頃とされています。また，命令を理解して行動することができるようになるのは1歳6か月以降とされていますが，これらの年齢による命令の理解はその場限りであり，一度守れたからといって，それらが長時間にわたって持続し，維持されるものではありません。子どもの発達段階に合わせて安全管理（保護）を中心とした対応から，安全指導（教育）を中心にした対応を行い子ども自身が安全能力を身に付けるようにしていくことが大切です（図6-9）。

1　学校安全の構造
　学校保健安全法第27条に「学校においては，児童生徒等の安全の確保を図るため，当該学校の施設及び設備の安全点検，児童生徒等に対する通学を含めた学校生活その他の日常生活における安全に関する指導，職員の研修その他学校における安全に関する事項について計画を策定し，これを実施しなければならない」と定義されています。
　安全教育は「安全学習」と「安全指導」の2つの側面があり（図6-10），相互の関連を図りながら，計画的，継続的に行っていくことが必要です。安全学習は，安全に関する基礎的・基本的事項を理解し，子ども自身が安全な生活に必要な判断をし，行動がとれるようにすることを

▷3　昭和33年4月10日法律第56号。学校保健法の一部改正は，学校保健と学校安全の一層の充実を図るために行われ，「学校保健法」から「学校保健安全法」に改称された。

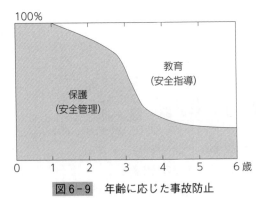

図6-9 年齢に応じた事故防止

出典：齋藤歓能（2004）『子どもの安全を考える――事故・災害の予防から危機管理まで』フレーベル館。

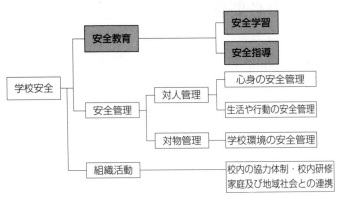

図6-10 学校安全の構造

出典：東京都教育委員会（2019）「安全教育プログラム」。

ねらいとします。安全指導では，園内で直面している，あるいは近い将来直面するであろう安全に関する問題を中心に取り上げ，安全の保持増進に関するより実践的な能力や態度，望ましい習慣の形成を目指します。

　安全管理は，事故の原因となる園の環境や子どもたちの園生活等における行動の危険を早期に発見し，それらの危険を速やかに除去するとともに，万が一，事件・事故・災害が発生した場合には，適切な応急処置や安全措置ができるような体制を確立して，子どもの安全の確保を図ることを目指します。安全管理には，子どもたちの心身の状態の管理及び様々な生活や行動の管理からなる対人関係と，園の環境の管理である対物管理から構成され，教職員が中心になって行われるものですが，安全に配慮しつつ，子どもたち自身も安全な生活を送るための環境について考えることができるようにしていくことが重要です。

　さらに，安全教育と安全管理を効果的に進めるためには，教職員の研修，協力体制や家庭及び社会との連携を深めながら組織活動を円滑に進めることがきわめて重要です。

2　安全教育の3領域

　安全教育の領域として「生活安全」「交通安全」「災害安全」の3つの領域が挙げられます。

- 「生活安全」では，日常生活で起こる事件・事故とその対処について理解し，行動できるようにするとともに，不審者侵入，誘拐や傷害などの犯罪被害防止も行う。
- 「交通安全」では，様々な交通場面における危険と安全について理

解し行動できるようにする。

・「災害安全」では，様々な災害発生時における危険とその対処を理解し，行動できるようにする。

4．子どもの遊びにおける危険性と事故

1　リスクとハザード

　子どもは，遊びを通して遊びそのものを楽しんだり，挑戦したりして心身ともに豊かに発達していきます。遊びの中で自分の力に挑戦しようと試みることや冒険心をもち取り組むことには危険性も内在しています。遊びの中にあるリスクとハザードについて考えましょう。

　リスクとは，遊びの楽しみの要素で挑戦や冒険の対象となります。子どもの発達にとって必要な危険性は遊びの価値の一つです。子どもは小さなリスクへの対応を学ぶことで経験的に危険を予測し，事故を回避できるようになります。また，子どもが危険を予測し，どのように対処すればよいか判断可能な危険性もリスクであり，危険をわかっていて行うことは，リスクへの挑戦です。

　ハザードとは，遊びがもっている冒険や挑戦といった遊びの価値とは関係のないところで事故を発生させるおそれのある危険性です。また，子どもが予測できず，どのように対処すればよいか判断不可能な危険性もハザードであり，子どもが危険をわからずに行うことは，リスクへの挑戦とはなりません。

　たとえば，ブランコは，揺れる感覚を味わったり，体全体を使って屈伸したり，平衡感覚を駆使したりすることが体験できる遊具です。子どもたちはスピードを出して漕いだり，立ち漕ぎをしたり，飛び降りをしたりして自分の力に挑戦しようとします。しかし，衝突や転落による頭部等の重篤な事故につながるおそれがあることから，園によっては撤去したり，他の遊びの場として活用したり，立ち乗りや飛び降りは禁止したりするなどがみられます。子どもたちの挑戦しようとする気持ちや意欲，できた達成感等が経験できず，そのものの魅力を知らずに育っていくこともあるのではないかと考えます。子どもの安全な生活について保育者が十分に話し合い，共通理解を図り，対応していくことが求められます。

　リスクとハザードの境界は，社会状況や子どもの発育発達段階によって異なり，一様でないといわれています。子どもの行動の特徴や運動能力，事故の回避能力を十分に把握し，個人差に応じた指導も重要です。

▷4　国土交通省が示した「都市公園における遊具の安全確保に関する指針（改訂第2版）」2014年。

2 リスク・マネジメントの重要性

2017年改訂の幼稚園教育要領の「第2章　ねらい及び内容」の領域「健康」の「1　ねらい」(3)に「健康，安全な生活に必要な習慣や態度を身に付け，見通しをもって行動する」とあ

図6-11　ハインリッヒの法則

1件の重大な事故・災害
29件の軽微な事故・災害
300件のヒヤリ・ハット

り，見通しをもって行動することの重要性が指摘されました。子ども自身が危険を察知し，自分の身を守るための行動がとれるようになることが重要です。保育者は，子どもたちの安全な生活を守るために，リスク・マネジメントを行うことが求められます。

　リスク・マネジメントとは，事前の危機管理です。重度の事故を想定して早期に危険を発見し，発見した危険を未然に，確実に除去することで事故の発生を防ぐことです。危機管理の対象は，園内の事故，自然災害，不審者侵入，感染症等があります。園で多い事故としては「挫傷・打撲・挫創」の発生頻度が高く，人ともののいくつかの危険（ハザード）が重なることにより大きな事故になります。

　アメリカの労災の研究で知られるウィリアム・ハインリッヒの研究で，1件の大きな事故・災害の裏には，29件の軽微な事故・災害，そして300件のヒヤリ・ハット（事故には至らなかったもののヒヤリとしたり，ハッとしたりした事例）が明らかにされています（図6-11）。重大災害の防止のためには，事故や災害の発生が予測されたヒヤリ・ハットの段階で対処していくことが重要です。今までの事故事例やヒヤリ・ハットを検討し，潜在している問題を分析することで，保育者は事故防止の視点を学ぶことができます。なぜ事故が起きたのかを考えることで予防の視点となり，子どもたちを事故から守ることができます。

5．ハザードの除去と安全教育

　事故を未然に防ぐためには，環境に関わるハザードを察知する保育者の鋭い目と安全に関する知識や感覚が必要です。保育の中でのハザードにはものに関わる危険（ハザード）と，人に関わる危険（ハザード）があります。

　ものに関わる危険は，保育室等の窓際の足場，机や椅子の角，床に落ちている紙や布等があります。また，固定遊具の亀裂や破損，むき出し

▷5　法則名はこの法則を導き出したハーバート・ウィリアム・ハインリッヒ (Herbert William Heinrich, 1886-1962) に由来している。彼がアメリカの損害保険会社で技術・調査部の副部長をしていた1929年11月19日に出版された論文が法則の初出。

になった遊具のコンクリートの支柱，園庭に落ちているガラスや石の危険物，段差，マットのめくれ，目に入る高さの茂みや枝等が考えられます。特に，ものの危険は，保育者の安全管理が重要です。

　人に関わる危険では，ものの取り合いや口論等のトラブル，出入り口の付近，はさみ・棒等の危険な使用行為等がみられます。また，園庭でかばんやマフラー等を身に付けて固定遊具で遊ぶ，フードなど引っ掛かりやすい衣服を着用して遊ぶ，ふざける等の遊び方や友達との関わり方から起こるけがも多くみられます。人に関わる危険は，子どもに遊び方，生活の仕方を確認することが大切です。

　保育者は，保育室・園庭それぞれの全体の空間や遊具，教材等のものの配置と子どもたちの導線等を考え，環境の見直しを行い，危険を取り除くことが大切です。また，保育の中で起こった事故やヒヤリ・ハットをもとにハザードマップを作成し，園での情報を保育者，子ども，保護者と共有し安全な生活を送るように心掛けたいものです。

6．安全点検の重要性

　子どもたちが安全な生活を送るためには，園の施設及び設備・遊具等の安全点検をし，管理していくことが重要です。安全点検は，毎学期1回以上，子どもたちが通常使用する施設及び設備の異常の有無について系統的に行うこと，必要があるときは臨時に行うこと，また設備等については，日常的な点検を行い環境の安全の確保を図らなければならないことが学校保健安全法施行規則に明記されています。さらに，保育所保育指針では，事故防止及び安全対策として保育中の事故防止のために，子どもの心身の状態等を踏まえつつ，施設内外の安全点検に努めることが明記されています。

　遊具の安全点検では，初期点検，日常点検，定期点検，精密点検を行う必要があります。

①初期点検とは，初期の動作の性能などを確認するため，供用後製造・施工業者が行う点検です。

②日常点検とは，管理者が目視診断・触手診断，聴音診断などにより遊具の異常・劣化などの有無を調べるために日常的に行う点検です。点検の頻度は月1回以上必要としますが，動的な機能をもったものは，より高い頻度で行う必要があります。

③定期点検とは，専門技術者が遊具の点検業務仕様書や点検表に基づき，一定期間（年に1回以上）ごとに目視診断，触手診断，聴音診

▷6　学校保健安全法施行規則には，環境衛生検査等，健康診断，感染症の予防，学校医，学校歯科医及び学校薬剤師の職務執行の準則，国の補助，安全点検等，雑則が定められている。

▷7　2008年国土交通省が示した「都市公園における遊具の安全確保に関する指針（改訂第2版）」を踏まえて，日本公園施設業協会が「遊具の安全に関する基準 JPFA-S：2014」を策定。本指針の対象遊具は都市公園，保育所，幼稚園，小学校，特別支援学校の幼児部や小学部，児童館，その他公共の遊び場や広場の遊具を指す。

79

断等や測定機器などを用意して行う点検です。

④精密点検とは，分解作業や測定機器を使用して行う詳細な点検です。

以上の安全点検により，遊具の劣化等の危険を早期に発見して事故を予防し，遊具の適切な維持管理を行います。また，毎朝，子どもたちの登園前に安全チェックを行うことが大切です。点検の方法としては，

- 目視診断：遊具の外観・形状を見て，その劣化状態を診断する方法
- 触手診断：遊具を素手で触ってその劣化状態を診断する方法
- 聴音診断：遊具の可動部を動かし発生する音，ガタツキの状態の有無を判断し，劣化状態を診断する方法
- 打音診断：遊具を点検ハンマーで軽打し，異音の有無を判断しその劣化状態，亀裂，ボルトの緩みなどを診断する方法
- 揺動診断：遊具全体を揺り動かし，使用に対応できるかを診断する方法

このように，遊具を見て，触れて，音を聞いて，揺り動かして安全を確かめます。

さらに，各保育室，遊戯室，保健室，便所，廊下，湯沸かし室，園庭等のチェックリストを作成し，1か月に1回，保育者全員で安全点検をしていくことが重要です。

安全点検表の例を掲載します。参考にしてください（表6-1）。

7．園における安全指導計画

乳幼児期に事故やけがが多くみられますが，月齢や年齢によって事故やけがの内容も異なってきます。特に乳児期の安全を確保するためには，保護者や周囲の大人の100％の保護と管理が必要です。また，幼児期には年齢や発達段階に応じた安全教育を行うことが大切です。

子どもの事故の種類や発生するけがは，子どもの発育・発達と密接な関係があるとともに子どもの生活様式や生活環境との関係が強く，子どもと環境による事故原因が大きく関与しています。園で起こる大部分の事故は，事故の原因を早期に発見し，その危険を除去することによって防止できます。子どもが危険を予測し安全に配慮した行動がとれるように発達段階に合わせて，安全指導の指導計画を綿密に立案し，年間を通して指導していくことが重要です（表6-2）。

▶ 1 ▶ 生活安全

生活の中での安全は，保育者が環境を整えるとともに，子ども自身が

表6-1 安全点検例（年齢別のチェックリスト）

○チェックリスト（5歳児）

所長	リスク マネージャー	担当

1	子どもの遊んでいる遊具や周りの安全を確認している。	
2	滑り台やブランコなど，固定遊具の遊び方の決まりを守らせるようにしている。	
3	滑り台の上でふざけたり，危険な遊びをさせないようにしている。	
4	園庭の状況にあった遊び方を選び，保育者は子どもの行動を常に確認できる状況である。	
5	子どもの足にあった靴か，体にあったサイズの衣類かを確認している。また，靴を正しく履いているか確認している。	
6	縄跳びの安全な遊び方やロープの正しい使い方を指導している。	
7	フェンス，門など，危険な高い所には登らないように指導している。	
8	ロッカーや棚は倒れないよう転倒防止策を講じている。また，ロッカーの上など落下物がないかチェックしている。	
9	室内は，整理整頓を行い，使用したものはすぐに収納場所へ片付けている。	
10	ハサミなどの器具は正しい使い方をさせ，安全な所に片付けている。	
11	調理活動中に，包丁・ピーラーを使用するときは，常に付き添い指導を行うようにしている。	
12	先の尖ったものを持つときは，人に向けたり，振り回したりしないように指導している。	
13	床が濡れていたらすぐに拭き取るようにしている。	
14	散歩のときは，人数確認している。	
15	道路では，飛び出しに注意をしている。また，交通ルールなどの安全指導をしている。	
16	手をつないで走ったり，階段を上り下りしたりすると，転倒時に手がつきにくいことを話し指導している。	
17	前を見て歩かせ，列全体のスピードを考え誘導している。	
18	坂道は，勢いがつくことを保育者は理解し，指導している。	
19	公園は年齢にあった公園を選び，遊ばせる際には安全に十分気をつけている。	
20	石や砂を投げてはいけないことを指導している。	
21	犬や動物はかんだり，鶏はつつくことがあることを子どもに教え，注意している。	
22	蜂の嫌がることをすると刺されることを教えている。	
23	小動物（カエル・カナヘビなどを含む）を触った後は，手洗いをさせる。	
24	遊びでの危険を知らせ，自分でも判断できるよう指導している。	
25	散歩から帰った後のうがい，手洗い，水分補給を指導している。	
26	滑り台や鉄棒，登り棒は付近で指導し，保育士がいない時はやらないよう指導している。	

出典：教育・保育施設等における事故防止及び事故発生時の対応のためのガイドライン【事故防止のための取組み】施設・事業者向け（2016）〈参考例8-3〉年齢別のチェックリスト「上尾市立保育所危機対応要領　資料編（上尾市作成）」。

表6-2 学校安全

月	4	5	6	7・8	9
安全教育 — 生活安全	○園内の安全な生活の仕方 ・登降園の仕方 ・遊びの場や遊具（固定遊具を含む），用具の使い方 ・小動物のかかわり方 ・困ったときの対応の仕方 ※5歳児：新しく使える遊具や用具，場所の使い方 ・子ども110番の家 ○園外保育での安全な歩き方 ・並ぶ，間隔を空けない等	○園内の安全な生活の仕方 ・生活や遊びの中で必要な道具や用具の使い方（いす，はさみ，箸等） ・小動物の世話の仕方 ・通園バスの乗り降りの仕方や待ち方の約束を知る ○集団で行動するときの約束 ・一人で行動しない	○雨の日の安全な生活の仕方 ・雨具の扱い方，始末の仕方 ・廊下，室内は走らない ・水遊びのきまりや約束 ・準備体操 ・プールでの約束 ・家に帰ってから ・知らない人についていかない「いかのおすし」の約束を知る ○乗り物に関する約束 ・車中での過ごし方	○夏季休業中の生活についての安全で楽しい過ごし方 ・花火の遊び方 ・外出時の約束 ・一人で遊ばない ○水遊びのきまりや約束 ・準備体操 ・プールでの約束	○生活のリズムを整え，楽しく安全な生活 ・登降園時の約束，遊び・用具，固定遊具の安全な使い方 ・水遊びのきまりや約束 ・準備体操 ・プールでの約束 ・戸外で体を十分動かして遊ぶ ○集団で行動するときの約束 ・集合の合図・友達との歩行
安全教育 — 交通安全	○安全な登降園の仕方 ・初歩的な交通安全の約束	○道路の安全な歩き方 ・標識，表示（とまれ等）の意味 ・安全確認（左右を見る）の仕方 ※5歳児：交通公園で体験を通しての安全指導（信号の見方） ○親子路上安全教室	○雨の日の安全な歩行の仕方 ・傘の持ち方 ○園外保育での安全な歩き方	○交通安全に関する約束を再確認 ・飛び出し ・道路では遊ばない ・自転車に乗るときの約束（保護者の付き添い） ・自動車の前後の横断	※4歳児：園外保育（交通公園）を利用，信号の見方 ○遠足・園外保育での交通安全の指導 ・道の端を歩く ・ふざけながら歩かない
安全教育 — 災害安全	○避難（防災）訓練の意味や必要性 ○避難の仕方 ・避難訓練の合図（サイレン，放送等） ・「おかしも」の約束 ・防災頭巾のかぶり方	〈火災：サイレン，放送で伝達〉 ※3・4歳児：集合場面 ・火災時は靴を履きかえない ※5歳児：自由に活動している場面 ・教職員の指示を聞いての避難 ○消防署の指導による煙体験（姿勢を低く保つ） ○光化学スモッグに対する注意事項	〈地震：サイレン，放送で伝達〉 ○地震のときの避難の仕方 ・机の下に潜る ・避難時は靴を履く ○園庭にて保護者への引渡し訓練	〈火災：火災報知機・放送で伝達〉 ・放送・教職員の指示を聞き，避難 ・非常用滑り台で避難 ・ハンカチを鼻，口に当てる ・持っているものは置いて避難	〈地震・警戒宣言発令〉 ○大地震が起きたときの避難の仕方 ○保育室にて保護者への引渡し訓練（保護者は徒歩）
行事	入園式	園外保育・遠足	園外保育・遠足 プール開き	終業式 夏季休業日	始業式，プール納め 園外保育・遠足
安全管理	○安全点検表の作成 ○園内外の環境の点検，整備，清掃 ○保育室の遊具，用具の点検，整備，清掃	○園外保育・遠足等の目的地の実地踏査 ○消防署の指導により教職員の通報訓練，初期消火訓練	○幼児の動線を考え，室内での安全な遊びの場づくりの工夫 ○プールの清掃，水遊びの遊具，用具の安全点検	○夏季休業中は園舎内外の施設，設備の見回り ○新学期が始まる前に，保育室内外の清掃，遊具，用具の安全点検	○使い慣れた遊具，場所の安全指導の徹底 ○危険な行動に対する，教職員同士の共通理解，指導の徹底
組織活動（学校安全に関する研修含む）	○保護者会，園だよりで ・園生活を安全に過ごすためのきまり，約束を連絡（登降園の仕方，園児引渡しの仕方，出欠の連絡，けが，病気に関する連絡方法，災害時の対応） ・通園状況の把握 ○春の交通安全運動 ○遊具の安全点検の仕方について研修をする	○保護者会，園だよりで ・定期健康診断の結果，健康で安全な生活についての意識の高揚 ・緊急家庭連絡網を使い，電話連絡の練習 ・路上での実際指導 ・光化学スモッグ警報発令時の対応の仕方を連絡 ・心肺蘇生法（AED含む）の研修をする	○保護者会，園だよりで ・水遊びのための健康管理 ・夏の生活で必要な安全（雨天時の歩行，登降園時に親子で注意，熱中症への配慮） ・幼児の交通事故の現状について警察署からの話を聞く	○保護者会，園だよりで ・警察署より交通安全及び防犯（誘拐）について講話 ・夏季休業中の過ごし方（健康生活，落雷，台風などの気象災害への配慮事項の確認） ・地域が行っている防犯パトロールについての情報交換 ・不審者との具体的な対応の仕方やいろいろな道具の使い方について，警察署から実際指導を受ける	○保護者会，園だよりで ・通園路を見直し，安全な通路，危険な場所の確認 ・生活リズムの調整，体調への十分な配慮を依頼 ・警戒宣言発令時の避難行動，引取り訓練 ○秋の交通安全運動

出典：文部科学省（2010）「『生きる力』をはぐくむ学校での安全教育」学校安全参考資料。

計画例（幼稚園）

10	11	12	1	2・3
○様々な遊具の安全な使い方，遊び方 ・ボール（ける，投げる等）の遊び方 ・縄跳びの縄の扱い ※5歳児：後に使う人の安全を考えた片付け方 ○集団で行動するときの約束 ・教職員の指示を聞き，自分から気を付ける	○様々な遊具や用具の安全な使い方，片付け方 ・目打ち，段ボール，カッター等 ・不審者対応 ・不審者が園に侵入したときの避難の仕方 ○集団で行動するときの約束 ・教職員の指示を聞き，自分から気を付ける	○体を動かして遊ぶ・室内にこもらず，戸外で遊ぶ ○危険につながる服装 ○冬の健康な遊び方，安全な行動の仕方 ○誘拐の防止 ○暖房機の危険性，安全に関する約束	○進んで体を動かし，安全で活発な行動 ・室内にこもらず，戸外で活動 ○園生活に必要な約束やきまりを自分から気付き，守る ○暖房機の危険性，安全に関する約束 ○雪の日の安全な遊び方，身支度の仕方	○自分の身の回りの安全に自ら気付き，判断し行動する。 ・担任以外の教職員の指示 ・異年齢の交流場面での安全に関する自主的な約束の確認 ○暖房機の危険性，安全に関する約束 ○雪の日の安全な遊び方，身支度の仕方
○信号の正しい見方 ・点滅しているときの判断の仕方，適切な行動 ○警察の指導による交通安全 ・安全な登降園の仕方，自転車の乗り降りの仕方，道路の渡り方 ○バスの中の安全な過ごし方	○登降園時，園外保育の交通ルールを自分から気を付け，守る ・自分の耳と目で確かめる習慣 ・電車の乗り降り，車中の安全な過ごし方 ・子ども路上歩行訓練 ・園のまわりの道路を子どもだけで歩く	○様々な状況，場面での交通ルール ・道路の横断 ・駐車中の自動車の前後の横断 ・信号が点滅している時の行動の仕方など	○様々な状況，場面で，自分で判断する ・自分の耳と目で確かめる習慣 ・交通量の多い道路での歩行，横断	○交通安全のために，自分で判断して行動する ・降園後の生活 ※5歳児：小学校付近の道路の危険な場所，安全な歩行の仕方
〈火災：肉声で通報〉 ○「火事だ」の声による通知，速やかな避難行動 ・周囲の状況，そばにいる教職員の指示 ・第二次避難場所まで避難	〈地震：サイレン，放送で伝達〉 ○大きな揺れが続いているとき ・頭を守る，危険のない場所 ・指示があるまで動かない等 ※5歳児：起震車により大地震の揺れを体験，地震のときの基本動作（親子で体験）	〈地震，火災発生：サイレン，放送で伝達〉 ○第三次避難場所へ避難 ・防災頭巾をかぶっての安全な歩行	〈火災：予告なし〉 ○周囲の状況，放送やそばにいる教職員の指示 ○消防署から指導 ・火災の怖さ，火事発見時の適切な行動	〈地震・火災：予告なし〉 ○大きな揺れが続いているときの自分の身の守り方
運動会園外保育 ・遠足（バス）	園外保育・遠足	終業式 冬季休業日	始業式 園外保育（凧上げ）	終業式
○戸外での遊び，遊びの場，幼児の遊びの動線への配慮 ○園外保育を利用し，信号機の見方，道路の歩き方等の体験的な指導	○電車を使っての遠足では，使用する駅のホームの状況も含めて遠足の実地踏査	○暖房設備の点検，使用するための準備	○室内での遊び，狭い遊び場での安全管理・教職員同士の連携・調整 ○暖房の温度，室内の換気に留意 ○戸外での遊びの奨励 ○教職員の消火訓練（消防署の指導） ○積雪時の園庭，園舎の安全確認	○1年間の安全点検の評価・反省 ○次年度の防災組織等の再編成
○保護者会，園だよりで ・戸外での活動，徒歩での通園などへの協力依頼（ノー自転車デー） ・警察の指導により，登降園の様子，幼児が自分で判断し，安全な歩行の仕方を身に付けるための指導協力 ・消防署から消火，通報訓練を受ける	○保護者会，園だよりで ・消防署の指導（起震車での地震体験，家庭で地震が起こった場合の対処の仕方） ・子ども路上歩行訓練時の安全確保の協力 ○不審者への対応について実技研修をする	○保護者会，園だよりで ・冬休み中の健康で安全な生活について園だより等で周知 ・年末年始の地域の防犯，防災活動に関心をもち，幼児に伝える	○保護者会，園だよりで ・登降園時の安全，大地震発生時の避難場所，連絡方法などを再確認 ・降雪時の登降園時の歩行，身支度などへの配慮について連絡と協力依頼	○保護者会，園だよりで ・就学にむけての心構え（危険な道路，場所を教える等） ・春休みの生活について，園だより等で連絡 ○園内事故等発生状況と安全措置に関する研修

写真6-1　保育者による劇

写真6-2　だんごむしポーズ

写真6-3　避難訓練

様々な施設や教具，遊具，教材の扱い方を理解し，使い終わったものは元の場所に片付ける等の習慣を身に付けていくことが大切です。前述したように事故やけがが多く発生する場所は，保育室や遊戯室，廊下，園庭のすべり台や総合遊具等です。リスクとハザードを考え，ヒヤリとしたりハッとしたりした体験をもとに「なぜ危険なのか」「どのように行動したらよかったか」などを話し合い，見通しをもった行動をとれるようにしていくことが大切です。

2　交通安全

　子どもは衝動的な行動が多く，飛び出しや車の直前直後の横断による交通事故が多くみられます。降園の途中や帰宅後が全体の5割，また土曜日や日曜日に自宅の近くで起こることが多くなっています。さらに幼児の歩行中の事故の4分の1以上は，保護者同伴のときに起こっている現状もあります。

　交通安全指導では，歩道を歩く，道路を渡るときは手を挙げて横断歩道を渡る，信号が青になったら右，左，そして右を見て大丈夫だったら渡る，転がったボールを追いかけて道路への飛び出しをしない等，具体的に指導を重ねていくことが大切です。実際に近隣の道路や交通公園を利用し，警察の協力を得て，信号機の見方，道路の渡り方，道路の歩き方等の交通安全教室で，ルールの確認を行い，子どもたちが理解できるようにします。また，保護者に協力してもらい，親子交通安全教室を行い，親子で交通安全のルールが守れるようにすることも重要です。さらに，夏休みや冬休み等，長い休みに入る前に保育者が中心となり，横断歩道や信号機，自動車，歩行者（子ども・大人），警察官等の役を決めて，劇を行い，楽しく安全に関するルールやマナーを学ぶことができるようにしたいものです。

3 避難訓練

　地震や火災等の災害時や非常時には，保育者の指示に従い，一人一人が落ち着いて行動がとれるようにすることが大切です。そのために，火災，地震，水害，津波，竜巻，火山の噴火等，各園の自然的環境及び社会的環境を把握し，様々な状況に対応できるように定期的に避難訓練を実施します。また，避難訓練は，非常時に保育者や職員が落ち着いて現状を把握し，子どもたちを避難誘導できるかの訓練であることも自覚して行うことが重要です。子どもへの避難訓練の指導では，言語教示だけでなくビデオや絵本，紙芝居等の視覚的教材や保育者の寸劇などを取り入れわかりやすく理解させることが大切です（写真6-1）。さらに，地震では落下物から頭や心臓を守るためにだんごむしのポーズをしたり（写真6-2），「おかしも」の言葉を繰り返し確認し行動がとれるようにすることも重要です。

　避難訓練は，好きな遊びの時間，一斉活動の時間，昼食時，昼寝の時間，プールの時間等，いろいろな場面を想定して実践しておくことで子ども，保育者，職員が慌てずに行動できるようになります（写真6-3）。

▷8　おかしも
避難のきまりである。
お：おさない
か：かけない
し：しゃべらない
も：もどらない

演 習 課 題

①保育室，遊戯室，廊下，階段，便所等の場所にはどのような危険があるか調べましょう。また，安全対策についても考えましょう。

②これまでの実習等で子どもと関わる中で，ヒヤリとしたりハッとしたりしたことや事故等でのけがについて書き出してみましょう。また，原因と指導法について考えてみましょう。

参考文献

教育・保育施設等における事故防止及び事故発生時の対応のためのガイドライン【事故防止のための取組み】施設・事業者向け（2016）「上尾市立保育所危機対応要領　資料編（上尾市作成）」。

厚生労働省（2018）『保育所保育指針解説』フレーベル館。

国土交通省（2014）「都市公園における遊具の安全確保に関する指針（改訂第2版）」。

齋藤歟能（2004）『子どもの安全を考える──事故・災害の予防から危機管理まで』フレーベル館。

東京都教育委員会（2019）「安全教育プログラム」東京都教育庁指導部指導企画課。

戸田芳雄編著（2012）『学校・子どもの安全と危機管理』少年写真新聞社。

内閣府（2016）『教育・保育施設等における事故防止及び事故発生時の対応の

ためのガイドライン』。

内閣府・文部科学省・厚生労働省（2018）『幼保連携型認定こども園教育・保育要領解説』フレーベル館。

日本公園施設業協会（2014）『遊具の安全に関する基準 JPFA-S：2014』。

日本児童安全学会編（1994）『幼稚園・保育所における子どもの安全』ぎょうせい。

日本スポーツ振興センター学校安全部（2018）「学校管理下の災害（平成30年度版）」。

日本スポーツ振興センター福岡支所（2010）「こんなときにけがするよ（遊具編）」。

文部科学省（2010）「『生きる力』をはぐくむ学校での安全教育」。

文部科学省（2018）『幼稚園教育要領解説』フレーベル館。

第7章

子どもの健康支援

・・

　ここでは，日々の健康な生活に必要な心身の状態の把握と，感染症の予防・与薬等について学びます。乳幼児期を集団で生活する子どもたちが健やかに成長していくために，保育者はどのような視点で子ども一人一人の健康や発達の状態を把握すればよいのでしょう。また，保育者や保護者との連携に必要な感染症や，薬の取扱いについて理解を深めていきましょう。

1. 健康状態の把握

　長時間集団で生活する乳幼児にとって，心身を健康な状態に保つことは毎日を楽しく心地よく過ごすためにとても大切です。様々な子どもたちと共に生活する上で，一人一人の健康状態を把握することは保育者の重要な役割です。特に乳児期の子どもは不快感や痛みを言葉で表現できないため，短時間で体調が変化し，急激に症状が悪化することもあります。保育者は日頃から一人一人の心身の状態を把握して保育を行うことが必要です。

　それでは，乳児期の子どもの健康状態をどのように把握するのかを考えてみましょう。

1 ▶ 健康診断を保育に活かすために

　幼稚園の健康診断は，学校保健安全法（第5条）に「学校においては，児童生徒等及び職員の心身の健康の保持増進を図るため，児童生徒等及び職員の健康診断」を行う，また子ども園・保育所はこれを準用するとあります。検査項目は，学校保健安全法施行規則に定められています。健康診断は子どもの健康状態を把握し，感染症等の早期発見にもつながります。義務として行うだけでなく，診断結果を一人一人の健康記録に記入し，在園期間中の継続的な支援を行うための情報として保管する必要があります。健康診断の結果は健康カード等を使用して保護者に連絡し，家庭から提供された情報と合わせて継続的に観察していくことが大切です。観察を通して疾病や障害の可能性があると感じた場合，体質的な症状であることも踏まえて安易に判断せず慎重に対応する必要があります。

　また，新年度を迎えて担任が変更するときや，預かり・長時間・延長・土曜（保育所）保育等担任以外の保育者が保育をするときには，健

▷1　学校保健安全法施行規則は，1958（昭和33）年制定。健康診断における検査の項目は，①身長及び体重，②栄養状態，③脊柱及び胸郭の疾病及び異常の有無並びに四肢の状態，④視力及び聴力，⑤眼の疾病及び異常の有無，⑥耳鼻咽頭疾患及び皮膚疾患の有無，⑦歯及び口腔の疾病及び異常の有無，⑧結核の有無，⑨心臓の疾病及び異常の有無，⑩尿，⑪その他の疾病及び異常の有無，と定められている。毎学年定期的に行うとともに，必要があるときは臨時行う。

表7-1　子どもの心身の状態の観察ポイント

顔　色	赤い　青ざめている　黄色がかっている
体　温	検温（午前・午後）　抱っこ，首筋に触れる，手の温かさ等で温かいと感じたとき検温する
機　嫌	抱っこ・あやすなどでも泣き止まない　大声を出したり暴れたりする
表　情	不安・怯え　ぼんやりとしている　まばたきが多い（目をこする）
口	食べ物を口に入れると泣く　口に入れた食べ物を出す　歯がぐらつく　出血している
耳	耳だれがある　耳を保育者の胸にこすりつける
肌	発疹・擦過傷・打撲跡・火傷　かさついている
活　動	じっとしている　すぐに横になりたがる　腕を上げると痛がる
食　欲	ミルクを飲まない　食べようとしない
睡　眠	寝つかない　起きない　睡眠中何度も泣き声をあげる

出典：筆者作成。

康記録を基に情報を共有していくことが大切です。

2　日頃から健康状態を把握するために

　それでは，保育者が一人一人の健康状態を日々把握するための視点を考えてみましょう。

　登園時や保育中の子どもの様子にいつもと違うことを発見したら，すぐに近くの保育者に伝え，園長あるいは看護師に相談します。「この程度なら大丈夫だろう」と判断し放置した結果，重篤な症状に陥る危険性もあり，特に乳児の場合は短時間で急激に悪化するということを認識しておく必要があります。表7-1は，一日を通して心身の状態を観察するポイントを表にしたものです。

　観察するときは，前述の「いつもと違う」という状態に留意して行います。そこで発熱や発疹等の症状を発見しても，体質によって疾病とは限らない場合もあります。

〈事例　体温に関するもの〉

　入園から数日たって，ある子どもの体が温かく感じ，検温すると37.5℃から37.8℃という状態が続きました。機嫌はよく食欲もあります。38℃近くになったとき保護者に伝えて受診してもらいましたが，異常はありませんでした。体質的に平熱が高いと考えられるという医師からの報告を受け，38℃未満は平熱として扱うということを職員全員に周知しました。この子どもの場合にはそれが通常の状態であり，発熱とされる基準があてはまらないことになります。個体差による「いつもの」を把握してこそ違う状態に気付くことができるのです。

3　睡眠中の状態を把握するために

健康状態の把握は，起きているときに限りません。乳児は睡眠中にSIDS（乳幼児突然死症候群）を引き起こす可能性があり，一定間隔で睡眠中の様子を観察する必要があります（表7-2）。睡眠時には「顔が見える姿勢（あお向け）に寝かせること」「一人にしないこと」「安全な睡眠環境を整えること」などに留意します。留意点を満たした上で，以下の項目が明記されたSIDSチェック表をもとに眠っている子どものそばに行って観察します。

- うつ伏せで寝ていないか
- 正常に呼吸しているか
- 顔色に変化はないか
- バスタオルや毛布が鼻や口にかかっていないか
- ミルクや食べ物が口の中に残っていたり，吐瀉したりした形跡はないか

睡眠時の観察はSIDSのみならず，他の症状を早期発見することにもつながります。SIDSチェックをしていた保育者がいつもと違う子どもの様子に気付き，近くにいた保育者に知らせました。よく眠っているのに，体がピクッピクッと動く様子を園長にも知らせました。園長と看護師はひきつけを起こしていると判断し，保護者に連絡し救急車を要請しました。その後みるみる熱が上がり，病院に搬送するころには39℃に達し熱性けいれんであると診断されました。冬の時期，布団をかけて横向きに眠っていたため，ただ見まわしただけでは異常に気付くことはなかったでしょう。チェック項目通りに，一人一人の顔をしっかり観察していたからこそ早期発見につながり，危険な状態を回避することができたのです。

4　子どもの命と生活を守るために

健康状態の把握は，まず何よりも一人一人のいつもの状態を把握することから始まります。そして登園したときや保育中の観察で「いつもと違うな」と思う場合には保護者と一緒に確認したり，身近な保育者に伝えると同時に，園長・看護師に相談したりすることが重要です。自己判断で「大丈夫だろう」と放置し，その結果，重篤な事態に陥る危険性があることを認識しておかなくてはなりません。

子どもの命を守り健やかな生活を保障するために，保育者は一人一人の症状の現れ方の違いを把握する力を身に付けることが大切です。

▷2　SIDS（乳幼児突然死症候群）
窒息などの事故とは異なり，何の予兆や既往歴もないまま乳幼児が死に至る原因のわからない病気。
関係法令としては，厚生労働省「SIDSについて」，東京都福祉保健局通知「保育施設における睡眠中の事故防止及び救急対応策の徹底について」「（別紙）乳幼児突然死症候群（SIDS）の予防及び睡眠中の事故防止・救急対応策の徹底」がある。

▷3　SIDSチェック表
睡眠中の様子をチェックするために必要な項目を一覧表に作成したもの。0歳は5分に1回，1～2歳は10分に1回が望ましいとされている。

表7-2　乳幼児突然死症候群（SIDS）チェック表の記入の仕方

1．健康観察のチェックの仕方
　　① 預かりはじめと，午睡時や夕方などに検温し，特記事項の欄に検温した時間と，体温を記入する。
　　② 預かり時，5つの保健的な項目（機嫌の良し悪し，鼻汁の有無，目やにや充血などの有無，皮膚（湿疹，発疹，ひっかき傷やアザ）の状態，咳の有無）を中心に，健康状態について保護者から情報を得，自分でも確認し，チェックを入れる。
2．睡眠時呼吸のチェックの仕方
　　① 仮眠・午睡を含めて，呼吸をしている事を確認し睡眠時間に丸を記入する。タイマーなどを使い，5分間隔で行う。
　　② 入眠を確認した時刻の横に「入」を入れ，目覚めを確認した時刻には「めざめ」，あるいは，保護者に頼まれるなどで起こした場合は「起こす」などと記入し，睡眠最終時間とする。
　　③ 睡眠中に咳など変わった様子がみられた場合は，その症状を特記事項の欄に記入する。
　　④ SIDSへの対応はうつぶせ寝は避け，寝ている赤ちゃんの体に保育者の顔を近づけてお腹と胸が上下に動く様子を観察する。厚着をしている時は呼吸の確認がしにくいので，くすぐる，体をマッサージすることも良い。
　　⑤ 乳児窒息死予防にうつぶせ寝は避け，吐乳，溢乳，寝具のすきまに挟まる等の寝具環境，よだれかけは紐が絡まるので外すなどに注意して観察する。
　　⑥ SIDSも乳児窒息死も風邪症状や体調不良の時に起こりやすいので，健康観察欄を一体的に活用し，一緒に予防する。
　　⑦ 乳幼児突然死症候群（SIDS）チェック表は，最後に呼吸を確認した時間や注意深く保育していたかどうか等の記録となる。記入は消えないボールペンで正確に行う。

出典：にしのみやしファミリー・サポート・センター作成。

5　学校保健安全法

　学校における就学時及び児童・生徒の健康診断，感染症の予防などについて，その方法及び技術的基準や検査の項目などが学校保健安全法施行規則に定められています。健康診断は，身体の発育・発達状態の把握と異常の発見，四肢運動機能障害・知的障害などの発見，その他疾病及び異常について必要に応じて適切な検査を行うとしています。また感染症に関しては，予防及び感染症の各種類と罹患した場合の取扱いについて明記され，学校及び施設においては各項目に則って実施されています。

2．発育・発達状態の把握

　乳幼児期の大きな特徴の一つは，心身がめざましく発達するということです。しかし，身長や体重が短期間で大きく増加する子どもがいる反面，増加率が少ない場合もあります。また，朝はハイハイやつたい歩きだった子どもが午後には一人で歩き出したりします。玩具を持って遊ぶ姿でも，手のひら全体で握る姿から，指を使ってつかんだり指先でつまんだりというような発達がみられます。発育と発達それぞれがもつ意味

を捉え，適切な支援や環境構成を考えましょう。

1　発育の把握とは

　「発育」とは生物が育って大きくなること，体が量的に大きくなることです。子どもの発育状態を把握するために，教育・保育施設では身長・体重の測定（身体測定），必要に応じて胸囲の測定を行っています。身体測定を行ったときは，計測した数値を一人一人の身体測定表に記入して推移がわかるようにし，保護者と共有します。また，ミルクや離乳食を摂取して時間を空けずに測ると体重に誤差が生じるため，毎回一定の時間に行うよう計画します。身長計や体重計は，立位で測ることができるようになるまで，横になったまま計測できるものを使用します。

　体格には個人差があり，同じ月齢の子どもでも身長や体重に違いがあります。また，毎月増えていく子どもがいる反面，数か月変化しなかったり，ときに体重が減少したりする場合もあります。身体測定表を基に保護者と連絡を取り合い，家庭や園での生活を振り返る機会をもつようにします。肥満，やせが気になる場合も同様に，継続して観察することが大切です。長期にわたって低身長，低体重が気になる場合には嘱託医や専門機関に相談し，連携を図っていくことを視野に入れておく必要があります。

2　発達状態とは

　「発達」は，成長していくこと，進歩していくこと，子どもから大人になる過程で心身が変化することなどを意味しています。子どもは誕生してから様々な経験を通して心身ともに発達していきます。身近な環境から刺激を受け，視覚・聴覚・嗅覚・触覚・味覚の諸感覚，体を動かす運動的な能力，玩具やものを使う技能，感情や言葉の表現など，乳児期からの発達には環境との関わりが重要となります。子どもは自ら育とうとする力をもち，保育者の愛情と年齢，興味・関心に応じた環境に支えられて心身が発達するのです。

　発達には個人差があるため，8か月児がおすわりできなかったり，満1歳を3〜4か月過ぎても歩かなかったりしても，意図的に繰り返しやらせることはせず継続して様子をみるようにしましょう。発達の経過を捉えていくためには，一人一人の遊びや生活の姿を見とり，記録していくことが大切です。

　では，発達状態を把握するために必要なことを具体的な保育の様子から考えてみましょう。

3 ▶ 発達を記録に残すとは

〈事例 3か月児の保育記録から〉

　あお向けになっていた子どもが頭を動かして，右上の方向を見つめています。その様子に気付いた保育者が「何を見ているのかな？」と優しく語りかけ，子どもと同じ位置から視線をたどってみました。すると２階の窓の外に伸びた桜の葉の間から，太陽の光がちらちらと見え隠れしていたのです。３か月児は木漏れ日に気付き，その動きをじっと見つめていたのです。「きれいね。きらきらきらきら」と保育者があやすように語り掛けると，声を発しながら笑顔になりました。また，保育者が指や柔らかな玩具で手のひらに触れると，それを握って手足をばたつかせていました。

　この記録から，３か月児の発達状態を把握することができます。

- 光に反応する
- 動いているものを目で追う
- 保育者にあやされて笑う
- 手のひらに置かれたものを握る
- 手足をばたつかせる

　保育の記録から，健康（運動），保育者との関わり，環境との関わり，言葉，子どもが身近な人やものに触れてどのような反応をしたのか，次の成長につなげていくためにどのように関わりどんな玩具を用意すればよいのかなどについて，担任が複数いる場合でも，情報を共有することができます。

　このように，乳幼児期の発達とは「できる，できない」といった判断によるものではなく，遊びや生活を通して総合的に発達していく過程を捉えていくということになります。

4 ▶ 発達していく過程とは

　それでは遊具で遊ぶ様子から発達過程と環境の構成について考えてみましょう。

〈事例 バランス遊具を使った遊び〉

　０歳児はバランス遊具のカラフルな色や流線形のデザインに興味をもって近付いてきます。手で触れてゴムの感触や凹凸を確認します。ハイハイの子どもはその姿勢のまま遊具に手をついてまたいで座ります。一人歩きが始まった子どもは立ったまま片足で乗ろうとしますが，バランスがとれず遊具に両手をついて体を支え，膝をついたりまたいだりしながら前に進んでいます。

　両腕と手のひらで体を支える，またぐ，馬乗りで座る，座った姿勢やハイ

▷4 発達過程
子どもは，それまでの経験を基にして，環境に働きかけ，様々な環境との相互作用により発達していく。保育所保育指針においては，子どもの発達を，環境との相互作用を通して資質・能力が育まれていく過程として捉えている。すなわち，ある時点で何かが「できる，できない」といったことで発達をみようとする画一的な捉え方ではなく，それぞれの子どもの育ちゆく過程の全体を大切にしようとする考え方である。そのため「発達過程」という語を用いている（『保育所保育指針解説』「第１章　総則」「１　保育所保育に関する基本原則」「(1)保育所の役割」イ）。

写真 7 - 1　0 歳児の
バランス遊具遊び

写真 7 - 2　1 歳児のバランス遊具遊び

ハイで前に移動するといった発達がわかり
ます（写真 7 - 1 参照）。

　　　1 歳を数か月過ぎると一人歩きが安定し
てくるようになります。バランス遊具に片
足で登り，遊具から落ちないように壁に片手をついてバランスをとりながら
前に進みます。また壁の方に向いて両手をつき「カニさん」と言いながら横
に進む子どももいました。細い台の上で足を交互に出して進む，手で体を支
えてバランスをとる，自分なりの渡り方で楽しむという発達の状態が把握で
きます（写真 7 - 2 参照）。

　同じ遊具でも発達の状態に応じて遊び方が変化していきます。常に同
じ環境を構成していたのでは，子どもの興味が薄れ，やろうとする意欲
が失われてしまいます。0 歳は両手で体を支えながらまたぐため，乗り
降りしやすい空間を確保して設定する必要があります。安心して自分か
ら遊び出し，危険を感じたらすぐ援助するために保育者は近くで見守り
ます。1 歳児では一人で渡れるという満足感を得るために，必要なとき
は体を支えてバランスがとれるように遊具を壁際に設定します。また，
遊具のそばにマットを敷いて安全を確保し，保育者は一人で渡れたこと
を言葉や表情で認め満足感と意欲が感じられるようにします。発達の連
続性は，保育者が丁寧に子どもの育ちを見とり，興味・関心の方向性を
捉えて環境を構成し，愛情深く見守りながら子どもの意欲を引き出す援
助があって生まれてきます。発達状況を把握するということは，保育の
計画と実践の中で連続性をもたせることにつながります。

　○発達状態の把握とは

　保育者が行う触れ合い遊びや手遊び，絵本や紙芝居をとても楽しんだ
子どもは，表情や仕草でもっとやってという気持ちを伝えようとします。
保育者が思いをくみ取って「じゃあもう一回ね」と 1 本指を立ててから
繰り返すと，次第に子どもは人差し指を立てて要求を伝えるようになり
ます。その後は「もう一回」「もっとやって」というように，徐々に言
葉で表現します。

▷5 「幼児期運動指針」
4　幼児期の運動の在り方
(1)運動の発達の特性と動き
の獲得の考え方より，「動
きの多様化」と「動きの洗
練化」が挙げられている。

空腹や発熱などの不快感，あるいは抱っこしてほしいという気持ちを泣いて表現していた時期から，「ママー」と呼んだり次第に不快な部位に手を当てたり，「おなかすいた」「いたい」という言葉を使うようになります。また，表情や態度でうれしい，悲しい，楽しい，イヤという感情の表現を大人が受け止め，子どもに共感していくことから言葉で伝えようとするようになります。

　乳児期からの様々な経験を通して総合的に発達していくためには，身近な大人との関係が重要です。安心して自分を表現したり，優しく見守られて周囲の環境に自ら関わるようになったり，心地よく語りかけてもらい言葉を覚えて使おうとしたり，信頼関係の下で情緒の安定を図ることが大切です。

　発達状態を把握することは，個人差を認めながら基本的な生活習慣における援助のあり方や，遊びや生活する場の環境構成を考える上で重要であり，保育者は日頃から一人一人の発達を把握する力を身に付ける努力が必要です。

3．疾病等への対応

　子どもは，大人と異なり，免疫力が弱く，様々感染症に罹るリスクを背負っています。保育所などの施設において，わずかな衛生管理の見逃しによって，感染が拡大したり，乳幼児が感染症に罹患したりすることがよくあります。第6章で前述したとおり，特に，乳児の保育環境として，衛生環境や安全については，しっかり整備し保育していくことが求められます。中でも，保育者自身の健康には十分に注意を払う必要があります。そのためにも保育者は，自己の健康管理に努め従事することを心掛けなければなりません。また，3歳児以上の幼稚園については，「学校保健安全法」の規定によりますが，幼保連携型認定こども園では，1号認定（満3歳からの幼稚園児）については「学校保健安全法」，2号認定（保育所の1〜3歳児）・3号認定（保育所の0〜満1歳児）については児童福祉法が適応される関係から，保育している時間内での取り扱いについては十分検討していく必要があります。幼稚園等における疾病については，「学校保健安全法」第19条で感染症の予防として，幼稚園および幼保連携型認定こども園の1号認定児については，「感染症にかかつており，かかつている疑いがあり，又はかかるおそれのある児童生徒等があるときは，政令で定めるところにより，出席を停止させることができる」とあります。また，感染の拡大のおそれがある場合，第20条にお

いて，学級閉鎖や臨時休業の措置がとれるようになっています。

4．感染症対策

　乳幼児の集団保育における感染症への対応は，発症児を覚知した時点での初期対応が，感染拡大を防止できるかどうかを左右します。特に，乳幼児の場合は感染しやすく，拡大していく割合が大きいため，疾病の兆しや，メディア情報等を受け，速やかに予防対策を講ずることが望ましいとされています。毎年ある時期になると発生するインフルエンザなどは，兆しに気を付けるとともに，こまめにうがいや手洗いを励行すること，感染力の強いノロウイルスなどは，さらに適切な処置が必要とされています。

　保育者は，常に，子どもたちの健康に注視し，健康で安全な生活を維持継続していくことが求められています。また，家庭で，園児以外に感染症が発生した場合は，直ちに園に届け出るよう協力を求めておくことも大切です。

　表7-3のように，主たる感染症に対する基準を示しています。

　また，学校保健安全法施行規則によれば，表7-4の通り，出席停止期間が定められています。

5．アレルギー対策

　近年，様々なアレルギーを発症する子どもがいます。子どもが抱えるアレルギーには，ハウスダストや動植物・食物・薬物などがあります。症状は軽微なかゆみ程度のものから呼吸器などに影響を及ぼし重症化するものまでと幅広く，特に生命の危険を伴うアナフィラキシー症状を呈する重篤なものまで含まれています。こうしたアレルギーを未然に防止し，安全で安心できる保育環境を整えておくことが大切です。

　また，アレルギーは，普段の保育の中で，突然発症するときもあり，普段より保護者からのアレルギーに対する聞き取りを行うことや書面で様子などを聞いておくことが大切です。ただし，園でのアレルギーに対する対応を過度に考え過ぎて，軽微なアレルギーなどにも対応するようになると，保育に支障をきたすことも考えられるので，医師からの指示を受けたものに対しての対応を優先することが大切です。特に食物アレルギーは，食したと同時に発症し，ときには重症化したり，重篤な状態に陥ったりすることがあるので，おやつの時間や昼食時には，飲食の内

表7-3 学校，幼稚園，保育所で予防すべき感染症の解説（抜粋表）

感染症名	主な潜伏期間	主な感染経路	登校（園）基準
急性灰白髄炎（ポリオ）	7-21日	経口感染	急性期の症状が治癒後
ジフテリア	2-7日	飛沫感染	治癒後
重症急性呼吸器症候群	2-10日	飛沫感染	治癒後
中東呼吸器症候群	2-14日	飛沫感染，接触感染	治癒後
特定鳥インフルエンザ	2-8日	飛沫感染	治癒後
新型コロナウイルス感染症	1-14日（多くは5-6日）	飛沫感染，接触感染	治癒後
インフルエンザ	1-4日	飛沫感染，接触感染	発症した後5日を経過し，かつ，解熱した後2日を経過した後。幼児においては，発症した後5日を経過し，かつ解熱した後3日を経過した後
百日咳	7-10日	飛沫感染	特有な咳が消失するまで，または5日間の適正な抗菌薬による治療が終了した後
麻疹	8-12日	空気感染，飛沫感染，接触感染	解熱後3日経過した後
流行性耳下腺炎	16-18日	飛沫感染，接触感染	耳下腺，顎下腺または舌下腺の腫脹が発現した後5日を経過し，かつ全身状態が良好となった後
風疹	16-18日	飛沫感染，接触感染，母子感染	発疹の消失後
水痘	14-16日	空気感染，飛沫感染，接触感染，母子感染	すべての発疹が痂皮化した後
咽頭結膜熱	2-14日	接触感染，飛沫感染	主要症状が消失して2日経過後
結核	2年以内	空気感染	感染のおそれがないと認められた後
髄膜炎菌性髄膜炎	4日以内	飛沫感染	感染のおそれがないと認められた後
コレラ	1-3日	経口感染	治癒後
細菌性赤痢	1-3日	経口感染	治癒後
腸管出血性大腸菌感染症	10時間-6日	経口感染	感染のおそれがないと認められた後
腸チフス，パラチフス	7-14日	経口感染	治癒後
流行性角結膜炎	2-14日	接触感染	感染のおそれがないと認められた後
急性出血性結膜炎	1-3日	接触感染	感染のおそれがないと認められた後
溶連菌感染症	2-5日	飛沫感染	適切な抗菌薬による治療開始後24時間以降
A型肝炎	15-50日	経口感染	肝機能が正常化した後
B型肝炎	45-160日	血液・体液感染，母子感染	急性肝炎の極期を過ぎてから
C型肝炎	6-7週	血液・体液感染，母子感染	急性肝炎の極期を過ぎてから
手足口病	3-6日	経口感染，飛沫感染	症状が回復した後
ヘルパンギーナ	3-6日	経口感染，飛沫感染	症状が回復した後
無菌性髄膜炎（エンテロウイルスによる）	3-6日	経口感染，飛沫感染	症状が回復した後
伝染性紅斑（りんご病）	4-14日	飛沫感染，母子感染	症状が回復した後
ロタウイルス感染症	1-3日	経口感染	下痢，嘔吐が消失した後
ノロウイルス感染症	12-48時間	経口感染	下痢，嘔吐が消失した後
サルモネラ感染症	12-36時間	経口感染	下痢，嘔吐が消失した後
カンピロバクター感染症	2-5日	経口感染	下痢，嘔吐が消失した後
肺炎マイコプラズマ感染症	2-3週	飛沫感染	症状が回復した後
肺炎クラミジア感染症	平均21日	飛沫感染	症状が回復した後

出典：日本小児科学会予防接種・感染症対策委員会，2021（令和3）年6月改訂版。

表 7 - 4　学校伝染病の種類及び出席停止期間

	種類の考え方	疾患名	出席停止期間
第一種	感染症法の一類及び二類感染症	エボラ出血熱	治癒するまで
		クリミア・コンゴ出血熱	
		重症急性呼吸器症候群（病原体がSARS（サーズ）コロナウイルスであるものに限る）	
		痘瘡	
		ペスト	
		マールブルグ病	
		ラッサ熱	
		急性灰白髄炎	
		ジフテリア	
		新型コロナウイルス感染症	
第二種	飛沫感染するもので，児童生徒の罹患が多く，学校において流行を広げる可能性が高い伝染病	インフルエンザ	小中高校，大学：発症後 5 日経過し，かつ解熱後 2 日間 幼稚園：発症後 5 日経過し，かつ解熱後 3 日間
		百日咳	特有のせきが消える，または 5 日間の抗菌性物質製剤による治療終了まで
		麻疹	解熱後 3 日を経過するまで
		流行性耳下腺炎	耳下腺，顎下腺または舌下腺の腫脹が発現した後 5 日を経過し，かつ，全身状態が良好になるまで
		風疹	発疹が消失するまで
		水痘	全ての発疹が痂皮化するまで
		咽頭結膜熱	主要症状消退後 2 日経過まで
		結核	
第三種	学校において流行を広げる可能性がある伝染病	コレラ	伝染の恐れがないと，医師が認めるまで
		細菌性赤痢	
		腸管出血性大腸菌感染症	
		腸チフス	
		パラチフス	
		流行性角結膜炎	
		急性出血性結膜炎	
		その他の伝染病	

出典：「学校保健安全法施行規則」2015（平成27）年 4 月改正より抜粋。

追記：内閣府は，新型コロナウイルス感染症を令和 2 年政令第11号として指定感染症と定め，2021（令和 3 ）年 1 月 7 日に公布施行している。但し，厚生労働省は，2021（令和 3 ）年11月 1 日現在，学校保健安全法への指定類の区分は定めておらず，経過等を勘案し，今後公布施行する予定である。

容を十分に注意警戒する必要があります。

　最近では，重症化する可能性のあるアレルギーでは，医師の指示書により，エピペン®（注射）を処方し，非常時に，保育者が医師に代わり使用することが認められるようになってきました。このようなエピペン®の使用方法をはじめ，アレルギー対応のために市区町村で開催される一定の講習や研修などに参加することが求められています。

6．与薬（投薬）

　近年，乳幼児をもつ家庭のワークライフのあり方が大きく変化し，幼児が家庭外において，長時間保育を受けることが増えてきました。それに伴い保育所や幼稚園，こども園で生活する時間が長くなり，疾病時や，感染症などの治療中でも，保育を受ける子どもがよく見受けられるようになりました。そこで，園での与薬（投薬）についても，その取扱いが議論されるようになり，保育所保育指針「第3章　健康及び安全」の「1　子どもの健康支援」(3)や，幼保連携型認定こども園教育・保育要領の「第3章　健康及び安全」の「第1　健康支援」の中の3で疾病等への対応を明記しています。

幼保連携型認定こども園教育・保育要領　第3章　健康及び安全
第1　健康支援
3　疾病等への対応
　(1)　在園時に体調不良や傷害が発生した場合には，その園児の状態等に応じて，保護者に連絡するとともに，適宜，学校医やかかりつけ医等と相談し，適切な処置を行うこと。
　(2)　感染症やその他の疾病の発生予防に努め，その発生や疑いがある場合には必要に応じて学校医，市町村，保健所等に連絡し，その指示に従うとともに，保護者や全ての職員に連絡し，予防等について協力を求めること。また，感染症に関する幼保連携型認定こども園の対応方法等について，あらかじめ関係機関の協力を得ておくこと。

　〇与薬への留意点
　『幼保連携型認定こども園教育・保育要領解説』は，「第3章　健康及び安全」の「第2節　健康支援」「3　疾病等への対応」で(5)与薬への留意点を，「幼保連携型認定こども園において園児に薬（座薬等を含む。）

を与える場合は，医師の診断及び指示による薬に限定する。その際は，保護者に医師名，薬の種類，内服方法等を具体的に記載した与薬依頼票を持参させることが必須である」としています。

　また，「保護者から預かった薬については，他の園児が誤って服用することのないように施錠のできる場所に保管するなど，管理を徹底しなくてはならない」と明記されています。その際，「与薬に当たっては，複数の保育教諭等で対象の園児を確認し，重複与薬，与薬量の誤認，与薬忘れ等の誤りがないようにする必要がある」としています。さらに，「与薬後には，その園児の観察を十分に行い，異変等がないか，しっかりと確認することが重要である」としています。

　つまり，与薬（投薬）は，医師法第17条に基づく医師からの指示書がなくては，してはならないことになっています。ただし，生命の危機に直面している場合は，その限りではないと解釈することができるとされています。

演 習 課 題

①子どもの健康状態について，園と家庭との間で情報を共有することが大切です。健康診断を含めて共有すべき様々な項目を考え，在園期間中使用できるカードとして一覧表に作成してみましょう。

②乳幼児の発達には個人差が大きく，一人一人の状態を丁寧に観察していく必要があります。発達状態を保育者間で共有するために，個人記録に必要なポイントを考えてみましょう。

③保育中に感染症の症状が現れた場合，どのような処置を行えばよいのでしょうか。子どもが罹患する率の高い感染症と突然の発熱・嘔吐等，発生し得る症状への対応と留意点について発表してみましょう。

参考文献
汐見稔幸・無藤隆監修（2018）『〈平成30年施行〉保育所保育指針　幼稚園教育要領　幼保連携型認定こども園教育・保育要領　解説とポイント』ミネルヴァ書房。
内閣府・文部科学省・厚生労働省（2018）『幼保連携型認定こども園教育・保育要領解説』フレーベル館。

▷6　『幼保連携型認定こども園教育・保育要領解説』「第3章　健康及び安全」「第2節　健康支援」3　疾病等への対応(5)与薬への留意点。

第8章

遊びと健康

．．．．．．．．．．．．．．．．．．．．．．．．．．．．．．．．．．．．．．

　文部科学省から発表されている「幼児期運動指針」には，運動遊びが子どもの心身の発育・発達に大きな役割を果たしていることが示されています。ここでは保育現場で実施されている遊びの例や工夫点について学びます。

1．近年の子どもを取り巻く環境と現状

1　体を動かす機会の減少

　私たちが住む社会は科学技術の発展に伴い，機械化・自動化が進みたいへん便利になってきました。自動車や鉄道を使うことで長距離でも楽に移動ができるようになり，交通機関の普及とともに生活範囲が飛躍的に広がりました。駅や商業施設などでは階段を使わなくてもエレベーター，エスカレーターを使うことで最小の労力で移動ができます。また，家庭の中でも驚くほどの自動化が進み，洗濯や掃除のみならず洗面所，トイレなども自動で操作できるようになりました。このように便利で快適な世の中になりましたが，その反面，体を動かす機会が減少し，慢性的に運動不足がつづくということになっています。これは大人にとっても問題なのですが，成長期にある子どもたちにとっては，さらにゆゆしき問題です。子ども時代は，体を動かすことで生涯の健康の土台を築く時期ですので，大人の場合以上に深刻な事態なのです。

2　3つの間（時間，仲間，空間）がなくなった

　子どもたちの遊びについてみてみると，さんま（3つの間）がなくなったといわれています。3つの間とは時間（遊ぶ時間），空間（遊ぶ場所），仲間（一緒に遊ぶ友達）を指します。

　遊びの時間や仲間の減少の一因となっているものの一つに習い事があります。習い事に通う子どもは増加傾向にあります。しかも年齢が上がるにつれてその割合は大きくなり，6歳児では8割の子どもが何らかの習い事に通っていることが明らかになっています。そのような理由から幼稚園・保育所などから帰って友達と自由に遊ぶ時間はあまりないといえるでしょう。遊び相手において「平日，幼稚園・保育園以外で一緒に遊ぶ相手」について調査した結果（図8-1）をみると，「母親」と遊ぶ

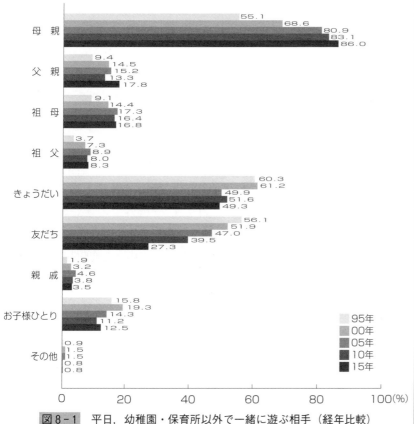

図8-1　平日，幼稚園・保育所以外で一緒に遊ぶ相手（経年比較）

注：複数回答。
出典：ベネッセ教育総合研究所（2016）「第5回 幼児の生活アンケート」。

子どもが増え，「友だち」「きょうだい」と遊ぶ子どもが減っています。子ども同士で遊ぶ機会が減少しており，仲間との遊びを経験しにくくなっているといえます。

　遊ぶ空間の減少も明らかです。自由に遊べる公園，空き地が減り，遊ぶ場所も限られます。さらに残念なことに，都市部では公園で遊ぶ子どもの声に対する苦情もあり，公園でさえも遊びの空間とはいい難くなっています。密集社会では，子どもたちの元気な声も騒音の一つになってしまうようです。このような状況からも明らかに子どもが自由に遊ぶ空間が少なくなってきていることが読み取れます。

　このように子どもたちは3つの間がなくなったことによって，運動不足をさらに加速していくことになります。

3　遊びの変化

　遊びの内容にも変化がみられます。2000年から2011年にかけて子どもの遊びは次のように変化しています。ごっこ遊びが65％→68％，お絵か

▷1 日本小児保健協会平成22年度幼児健康度調査委員会（2011）「平成22年度幼児健康度調査速報版」『小児保健研究』70（3），448〜457頁。
▷2 文部科学省（2011）「体力向上を培うための幼児期における実践活動の在り方に関する調査研究報告書」（http://www.mext.go.jp/a_menu/sports/youjiki/index.htm 2019年5月1日確認）。

き・粘土・ブロックなどの造形遊びが62％→75％，ボール・すべり台などの運動遊びが59％→59％，自転車・三輪車が54％→43％，テレビ・ビデオが26％→51％となり，あまり変化がない遊びもみられますが，全体的に考えると，屋内での遊びが増え，屋外の遊びが減少している傾向がみられます。かつては，多くの子どもが，公園，空き地など外で大きく体を動かして遊んでいました。現在では，子どもたちが公園に集まってみんなでうつむきながら携帯用のゲーム機で遊んでいる姿をよく見かけます。文部科学省が発表した2011年の調査によると，「お子様の遊びは室内と戸外とどちらが多いですか」と保護者に尋ねると，「室内での遊びが多い」が43.5％であるのに対して，「屋外での遊びが多い」が24.4％であるという結果がでています。体を動かす遊びからあまり動かさなくてもよい遊びへ，遊ぶ場所も戸外から室内へと変化しています。かつては年上の子どもが年下の子どもの面倒を見て遊んでいる光景もめずらしくありませんでしたが，現在は異年齢の子ども同士が遊ぶ機会が減少している現状もみられます。

　また，テレビ・ビデオはもちろん，電子機器・ゲーム機・スマートフォンなどの存在も子どもたちが屋内で遊ぶ原因になっていると考えられます。さらに，治安の悪化も子どもたちが屋外へと出ることの妨げになっているといえるでしょう。

4　運動能力の低下

　乳児期・幼児期は運動能力が飛躍的に発達する時期です。この時期に様々な運動を経験しなければ，運動能力の望ましい発達は得られません。

　具体的には，25m走，立ち幅跳び，ソフトボール投げ，両足連続跳び越し，体支持持続時間について10年ごとの時代推移をみてみると1966〜1986年の21年間には，能力によって上がり下がりがありますが，1986〜1997年の12年間で，男女とも全ての能力において低下していることが示されています。その後，低下傾向は止まりつつあるものの，向上することもなく低いまま維持される状態が続いています（図8-2）。

　運動能力の低下は，身のこなしのぎこちなさやけがの増加にもつながります。保育の現場からは，最近の子どもの気になる動作について，「転びやすい」「階段の昇降がぎこちない」と答えた保育者が約30％，「立ったまま靴などがはけない」「物や人にぶつかりやすい」が約20％を占めていました（図8-3）。他にもちょっとした段差につまずく，バランスをくずしやすく，くずしたら体の立て直しができず転ぶ，骨がもろく骨折が多くなるなどについて指摘されています。

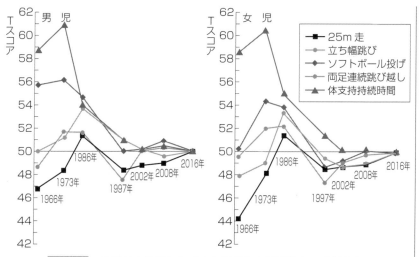

図8-2　2016年を基準にしてみた子どもの運動能力の時代変化

資料：森司朗・吉田伊津美・鈴木康弘・中本浩揮（2017）「最近の幼児の運動能力——2016年の全国調査から」『日本体育学会第68回大会予稿集』121頁（一部改変）。

出典：吉田伊津美・砂上史子・松嵜洋子編著（2018）『保育内容「健康」』光生館，3頁。

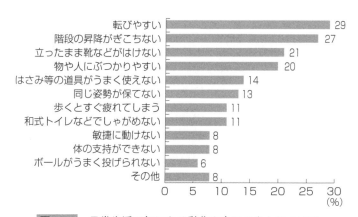

図8-3　日常生活で気になる動作や身のこなしについて

出典：東京都教育委員会（2007）「東京都公立幼稚園5歳児の運動能力に関する調査研究」『東京都教職員研修センター紀要』第7号，116頁。

2．幼児期運動指針

　第1節で述べている通り，子どもを取り巻く現在の環境が運動不足を招き，それが体力・運動能力の低下，けがの増加などにつながっている現状が明らかになってきました。また，体を動かす機会の減少による影響は，単なる運動能力の低下にとどまらず，できないことに挑戦して最後まで頑張りぬく，友達と競争したり協力したりする，工夫して遊びを創造するなどの経験も不足する事態となりました。運動が不足すること

▷3 文部科学省（2013）
「幼児期運動指針ガイド
ブック」（http://www.mext.
go.jp/a_menu/sports/undou
sisin/ 1319772. htm 2019 年
5 月 1 日確認）。

の弊害として，意欲や気力の減弱，対人関係をうまく構築できないなど，子どもの心の発達やコミュニケーションにも重要な影響を及ぼしかねないと様々な場面で指摘されています。

　このような状況を受けて，文部科学省は2012年に「幼児期運動指針」を発表しました。ガイドブックでA4判60頁に及ぶ詳細な指針です。幼児期に生活や遊びの中で体を動かすことは，生涯にわたって心身ともに健康な生活を送るための基盤になります。この指針には「幼児は様々な遊びを中心に，毎日60分以上，楽しく体を動かすことが大切です」という言葉のもとに，保護者や幼稚園，保育所等をはじめ，子どもに関わる人々全てに対して，幼児期の運動についてどのように捉え，どのように実施するとよいかに関するガイドラインが示されています。

1 「幼児期運動指針」のポイント

　「幼児期運動指針」のポイントは以下の3つです。

　① 多様な動きが経験できるように様々な遊びを取り入れること

　1つ目のポイントは，様々な遊びを取り入れ，多様な動きができるようになることです。幼児期は脳―神経―筋肉をつなぐ神経機能のネットワークが最も活発につくられる時期です。その後押しをする行為が「遊び」なのです。幼児は遊ぶことによって多くの種類の動作が次々とできるようになります。たくさん遊ぶということは，その遊びの中に含まれている幅広い動作を体験することになり，多くの種類の動作の獲得に結び付くのです。できるだけ多くの種類の遊びを体験して，将来にまで通じる動きの土台をつくる必要があります。「幼児期運動指針」に示されているこの時期に経験しておきたい基本動作について図8-4に示します。

　② 楽しく体を動かす時間を確保すること（一日60分以上）

　2つ目のポイントは，一日60分以上の時間を確保して「楽しく」動くことです。子どもは，保護者や周囲の大人に見守られているという安心感があってこそ外界に働きかけて自分の世界を広げていきます。興味・関心があることに対して，自分から進んで全身で取り組み，その楽しさを味わっていきます。だからこそ達成感，充実感，満足感を味わい，次の意欲を生み出していくのです。遊びや生活の中で自分の興味や関心を広げていくことで心と体が相互に影響し合いながら発達していくことを十分理解して，子どもが「やってみたい」「おもしろそう」という気持ちを基礎として活動に取り組めるようにしていくことが大切です。したがって，興味・関心がもてるような環境づくりと保育者の関わり，子どもが主体的・自発的に動けるように援助することを意識しましょう。

図8-4　幼児期に経験する基本的な動きの例

出典：文部科学省（2013）「幼児期運動指針ガイドブック」。

　子どもは体を動かすことで生活し，遊び，それが成長の刺激にもなっています。文部科学省によれば，外遊びをする子どもほど体力が高い傾向にありましたが，4割を超える幼児が外遊びをする時間が一日1時間（60分）未満でした[4]（図8-5）。そこでわかりやすい指標を設ける必要性から，「毎日，合計60分以上」体を動かすことが望ましいことを目安として示しました。また，体を動かすのは遊んでいるときばかりではありません。散歩をしたり，お手伝いをしたりするときも子どもは一所懸命体を動かして取り組みます。そのときの動きも，この60分の中に含まれます。

▷4　文部科学省（2011）「体力向上の基礎を培うための幼児期における実践活動の在り方に関する調査研究報告書」（http://www.mext.go.jp/a_menu/sports/youjiki/index.htm 2019年5月1日確認）。
文部科学省（2010）『平成22年度全国体力・運動能力，運動習慣等調査報告書』。

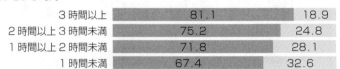

運動能力調査：体力総合評価	ABC 判定	DE 判定	(%)

※6種目の得点を合計し，高い順にA～Eの5段階に分類

外遊びをする時間

	ABC判定	DE判定
3時間以上	81.1	18.9
2時間以上3時間未満	75.2	24.8
1時間以上2時間未満	71.8	28.1
1時間未満	67.4	32.6

図8-5　幼児の運動能力調査：体力総合評価

出典：文部科学省（2011）「体力向上を培うための幼児期における活動の在り方に関する調査研究」。

③　発達の特性に応じた遊びを提供すること

3つ目のポイントとして挙げられているのは，「発達の特性」に応じた遊びです。幼児期はまだ発達の途上にあり，3～5歳にかけては著しく成長する時期です。またその成長の個人差も大きい時期です。そのため一人一人の発達に応じた配慮が必要です。運動機能も著しく伸びますが，能力がまだ未分化で，特定の能力のみを鍛えることはできません。そのため幼児は，その時期に発達していく身体の諸機能を使って動こうとするため，この発達の特性に合った遊びを提供することが大切であり，楽しさに重点をおいて遊んだ結果として体力・運動能力が高まっていくことを意識することが大切です。

また，「幼児期運動指針」は幼児を対象にしていますが，乳児期も大切であることはいうまでもありません。乳児期の生活や遊びの中でどのように体を使ってきたかが基礎となっているからです。園や家庭での生活の仕方を工夫し，体を動かしたくなるような安全で楽しい環境を整え，体を動かすことを支えていくことが保育者に求められます。したがって，「幼児期運動指針」の3つのポイントは，乳児期にも大切なことといえるでしょう。

2　幼児期における運動の意義

「幼児期運動指針」の中の運動の意義について，その概要を示します。

①　体力・運動能力の向上

乳幼児期は神経系のネットワークがつくられ，調整力が発達し動きをコントロールすることが巧みになっていく時期です。歩く，走るなど移動するための動きから，体のバランスをとる，姿勢を維持するなど，生活のための動作が獲得され，さらにこれらが洗練されて，将来スポーツを楽しむための基礎力を身に付けていくことにも結び付きます。また，これらの動作の獲得・洗練は，危険を回避することにも役立ち，けがを

予防することにもつながります。これも保育者が決して忘れてはならない点です。

② 健康で丈夫な体に成長

乳幼児期は体を動かすことが成長への支えとなります。その一つが骨です。運動の刺激によってリン酸カルシウムの沈着を促し，骨を強く丈夫にするのです。また，最近増加している子どもの肥満傾向の改善も期待できます。運動によって摂取エネルギーと消費エネルギーのバランスをとることができるだけでなく，楽しく体を動かす習慣を手に入れることで，将来の生活習慣病の大きなリスクを軽減させることができます。すなわち，乳幼児期に運動することによって将来にわたる健康を手に入れることができるのです。

③ 意欲的に取り組む心の育成

運動の意義というと，体力・運動能力の向上についてのみ考えがちですが，実は精神面にも大きな効果があります。「幼児期運動指針」には，幼児期における運動の意義は，⑴体力・運動能力の向上，⑵健康的な体の育成，⑶意欲的な心の育成，⑷社会適応力の発達，⑸認知的能力の発達，とあります。また，運動遊びには冒険や挑戦を伴うものが多くあり，これが成功感・達成感につながり，さらには運動に対する**有能感**を育てます。これによって子どもたちが運動に取り組む機会も増えていきます。

④ 社会への適応力の育成

社会的な認知能力も友達との遊びを通して育ち，将来に通じる社会性の基礎が築かれます。一人遊びを楽しんでいた子どもが3歳頃には友達を意識するようになり，「友達の気持ちに気付いて譲る」「我慢する」「約束を守る」などの姿が見られるようになります。5・6歳頃になると集団で遊ぶことも楽しむようになります。ルールを守る大切さに気付き，ルールを守るからこそみんなで楽しめることを学びます。大勢で遊ぶ中で自分の役割を自覚し，友達とコミュニケーションをとり，協力して目標を達成することもできるようになります。

⑤ 認知的能力の発達に効果

近年脳血流の測定が可能となり，最近の研究では運動が脳の機能にも効果をもたらすことが明らかになり，運動が空間の認識能力や創造性など認知的能力の発達にも効果があることが報告されています。そもそも子ども自身の体にも遊具にも，上下，左右，奥行きがあり，どちらもどの方向にも動くので，運動遊びは**空間認識能力**を向上させます。子どもたちは遊びながら遊び方やルールを変化させたり，道具を加えて発展させたりして工夫します。既存のルールで遊ぶことにこだわらず，自由な

▷5　有能感
「自分はできる」と自分を肯定的に捉える気持ち。
▷6　第5章参照。

▷7　空間認識能力
主に視覚によって上下，左右，奥行きの三次元でものを捉える能力のこと。

発想を生み出す環境をつくっていくことで子どもたちの創造性を育みます。

3 ▶ 保護者との連携

　子どもが体を動かすことは，幼稚園，保育所等だけでなく家庭でも取り組むことで習慣となっていきます。エスカレーターに乗らないで階段を使う，少しの距離だったら歩く，家でテレビを見るよりは散歩をするなど，保護者も一緒になって楽しむとよいでしょう。そのためには保護者の意識が変わる必要があります。たとえば，保護者を園に招いて子どもと一緒に体を動かして遊ぶ機会をつくってみましょう。保護者は子どもがいろいろなことに挑戦し楽しんでいる姿や，友達と仲良くする姿を見て運動遊びの大切さを認識します。保護者自身も動く楽しさや気持ちよさを味わうことで体を動かして遊ぶことへの意識が変わっていきます[8]。

　また，特に子どもの生活様式は母親の生活様式に強い影響を受けます。母親と子どもの歩数の関係を調べた調査を見ると，母親の歩数と子どもの歩数には明らかに正の相関がみられ，母親がたくさん動いている子どもほど，たくさん動いていることが明らかになっています[9]。少しの距離なら歩く，外での活動を楽しむなど，まずは大人が手本を示すことが大切です。また，専門家を招いて，保護者に遊びの重要性を伝える機会をつくることも効果があります。「幼児期運動指針」には保護者が子どもと一緒に遊べる遊びがいろいろと紹介されていますので，ぜひ参考にしましょう。

　保育者と保護者に共通して配慮すべきものがあります。それは子どもの安全です。子どもが安全で楽しく遊べるようにするためには，まずルールの大切さを学ばせ，遊具に潜む危険性などをその場に即して判断できるように指導することが大切です。

3．具体的な体を動かす遊びと環境，指導

　乳児期の子どもは自分の体を使って遊びます。手足を曲げたり伸ばしたり，ばたつかせてみることが遊びの一つとなります。次第に寝返りをし，はう，伝い歩き・一人歩きと自分で動くことを楽しむようになります。そして幼児期にかけて，思い切り走ったり，遊具や用具を使って様々に体を動かしたり，運動する喜びを感じるようになります。自分で動きを考え，友達と一緒に挑戦しながら，満足感を味わい，さらに運動への意欲の高まりへとつながっていきます。

▷8　櫻木真智子・太田よし美・西田ますみ・梁川悦美・桐川敦子（2015）「『親子で楽しむ運動遊び』の実践が子どもと保護者に与える影響に関する報告」『聖徳大学研究紀要』第25号，『聖徳大学短期大学部研究紀要』第47号，143〜151頁。
▷9　井上芳光・山瀧夕紀・谷玲子（2006）「母親の運動経験・活動性が幼児の運動量・運動能力に及ぼす影響」『日本生理人類学会誌』11（1），1〜6頁。

　心身の健やかな育ちには，乳幼児期に体を動かす心地よさを感じることが大切です。体を動かす遊びを通した乳児からの発達の過程と，運動を通して育ち合う子どもの姿について考えてみましょう。

写真8-1　狭い場所での遊具例

1　乳児の全身を動かす遊び

　保育所保育指針及び幼保連携型認定こども園教育・保育要領の乳児における「健康」のねらい[10]の一つに「伸び伸びと体を動かし，はう，歩くなどの運動をしようとする」があります。そして解説では「十分に体を動かすことのできる空間を確保するとともに，子ども（園児）の個人差や興味や関心に沿った保育室の環境を整える」と記載しています。乳

写真8-2　広い場所での遊具例

児が自分から体を動かす環境を考えましょう。

　○はう，歩く，傾斜や段差を上り下りする遊び──空間の違いによる設定の
　　工夫

　写真8-1は，遊びたいときにいつでも遊び出せるよう，遊具を保育室内に設定しています。壁に寄せて設置し，立ちあがろうとしたときは手で支えることができます。斜面はボール紙で覆い，月齢の高い子どもが自分で滑って楽しめるようにしています。

　写真8-2は，遊戯室などの広い場所で遊べる組み合わせ遊具です。6方向から上り下りができるため，子ども同士のぶつかり合いが避けられます。よじ登る，斜面をはうなど，思うままに動くことができます。また，広い空間を活かして周囲にジャンピングマットやバランス遊具を配置したり，パーテーション等で工夫しながらボールで遊んだりするスペースをつくってもよいでしょう。

〈援助のポイント〉
　保育者は，子どもが自分から安心して遊び出せるように見守り，子どもの思いや感じていることを言葉で表現し，ときに自分も一緒に遊びながら楽し

▷10　「健康」のねらい
「心と体の健康は，相互に密接な関連があるものであることを踏まえ，温かい触れ合いの中で，心と体の発達を促すこと。特に，寝返り，お座り，はいはい，つかまり立ち，伝い歩きなど，発育に応じて，遊びの中で体を動かす機会を十分に確保し，自ら体を動かそうとする意欲が育つようにすること」と保育所保育指針，幼保連携型認定こども園教育・保育要領に記載されている。これは，乳児期の子どもが自ら身近な環境に関わりながら，興味をもった場所や遊具で自分から遊び出し，体を動かすことを楽しむということを意味している。保育者が全て手助けをするのではなく，子どもが触りたい，やってみたいと思う魅力的な環境と，保育者との信頼関係に裏付けされて行動できるという捉え方ができる。

> さを共有します。

　子どもは，くぐったり狭いところにもぐりこんだりする遊びが大好きです。その反面，狭さに不安を感じたり，視界が狭くなったことを怖がったりすることがあります。半透明のビニールトンネルは，中から保育者の姿が見えるため安心感をもつことができます。写真8-3は出入り口がパイプで固定されているため安定感があり，2mくらいの長さがあるため広い場所に適しています。写真8-4は梱包用のシートで保育者が作成した短いトンネルです。シートの両側をフラフープに貼り付け，下部は開けておきます。不安を感じた子どもは途中から外に出てきたり，保育者が出してあげたりすることも可能です。

写真8-3　長さがあるトンネル　　　　写真8-4　短いトンネル

> 〈援助のポイント〉
> 　トンネルは楽しみながら「はう」運動が十分にでき，一人でくぐり抜けた満足感も得られる遊具です。しかし，不安や恐怖の感じ方は一人一人異なり，怖いと感じる経験をした子どもは，その後やろうとしなくなります。保育者は，自分から遊び始めるまで見守り，一緒に他の子どもが楽しんでいる様子を見ているのもよいでしょう。

2　発達の過程を支える運動遊び

　乳児期に体を動かす楽しさや，身近な遊具を使って自分なりに動く面白さを味わってきた子どもは，さらに様々な運動に取り組むようになります。園庭や公園の遊具に興味をもち，年上の子どもが楽しんでいる姿を見て，それを真似て自分も試してみようとします。友達と同じことをして喜んだり，工夫したことを互いに伝え合ったりしながら，自分なりの目当てをもって運動するようになります。保育者は，発達過程を見通した環境を構成していくことが大切です。

　○鉄棒で遊ぶ
　写真8-5のように，3歳未満の子どもたちは鉄棒を握るとぶら下が

写真 8-5　鉄棒で遊ぶ 1

写真 8-6　鉄棒で遊ぶ 2

写真 8-7　鉄棒で遊ぶ 3

ろうとします。地面に足をつけたままぶら下がった状態から，次第に足を持ち上げるようになり，どれだけ長くその状態を保つことができるか競い合ったりします。ぶら下がりに満足すると，次は両足で鉄棒をはさみ両手両足でぶら下がるようになります。年上の子どもが前回りをしている様子を見て，自分も真似てやってみようとする子どももいます。

　写真 8-6 は，小学校の校庭で逆上がりをしている 1 年生の姿を見た 5 歳児が，自分も同じようにやりたいと思い挑戦している様子です。逆上がりの練習用に使用する用具を，園内にある「すのこ」を使ってつくりたいと保育者に伝えてきました。これは，自ら環境に働きかけ，めあてに向かって繰り返し挑戦する就学前の育ちへとつながっています。

〈援助のポイント〉
　逆上がりの様子を見ていた同じクラスの男児が，忍者ごっこの修行に使っています（写真 8-7）。当初は低い位置で体を支えていましたが，徐々に高さが増していきました。保育者は，この男児が乳児期から十分体を動かし，危険についても理解していることを把握しているからこそ，中止せずそばで見守っていました。忍者ごっこを楽しむ子どもたちは，この他にもいろいろな運動遊びを考え，挑戦を楽しみました。

○リングを使った遊び
　写真 8-8 では，フラフープより一回り小さく細いリングを並べて，両足で跳び移っている様子です。まだ両足跳びが十分できず，次のリングに移れない子どもは，両足で踏み切り片足で着地しています。思い思いの跳び方をしていても，友達と同じことを楽しむという喜びを感じています。写真 8-9 は，フラフープを電車に見立てて遊んでいる 3 歳児

写真8-8　リングで遊ぶ1

写真8-9　リングで遊ぶ2

写真8-10　リングで遊ぶ3

写真8-11　リングで遊ぶ4

です。先頭の子どもが思い切り走ると，後ろの子どもから「もっとゆっくり走って」と言われ，お互いが楽しめるスピードに調整するようになります。友達と協力して取り組む楽しさを感じるようになってきています。

　写真8-10は，フラフープをダンスの舞台に見立てて遊んでいる4歳児です。数名の女児のグループが，自分たちで考えたダンスを披露したいと，ステージになるものを探していました。これにしようと持ってきたものがフラフープです。保育者も観客に加わり，伸び伸びとダンスを踊っていました。写真8-11は，5歳児が自分たちでビールケースを積み重ね，その前にリングを並べてどのリングに着地するかを楽しんでいるところです。年下の子どもたちも参加したがったため，隣に低い飛び降り台を設置していました。年齢にかかわらずどちらを選択するかは一人一人の自由で，何度も繰り返し楽しんでいました。

〈援助のポイント〉
　体を動かす，運動するということは，トレーニングや競争に勝つということではありません。幼児は，いろいろな遊びの中で十分に体を動かして楽しむことが大切であり，楽しいからこそまたやりたい，もっとできるようになりたいという意欲が生まれてくるのです。同じ遊具や用具を使った遊びでも，年齢や興味・関心の方向性によって様々な遊び方が考えられます。主体は子

どもであり，自ら進んで運動する育ちを見据えて，環境構成や援助を工夫しましょう。

3 ▶ 心身の育ちを支えたリレー

　子どもが大好きな運動遊びの一つにリレーがあります。リレーは，ただ単にチームで競い合い，競争に勝つために行う競技ではありません。リレーを通して，思い切り走り，友達と協力し合い葛藤を乗り越え，頑張ってきた仲間とともに達成感を共有し，自己肯定感を高めていく，子ども同士が育ち合うための経験が得られる活動なのです。以下の事例は，リレーを通して成長していく5歳児の子どもたちの姿です。

〈事例　リレーの取り組み〉

1	7月，5歳児の各クラスの担任同士で運動会の競技について話し合いました。子どもたちが何より楽しみにしているリレーですが，その取り組みの中で保育者が何を育てたいのか共通理解する時間を十分とってきました。そして，大切にするポイントを整理しました。 ・自分たちで話し合って走順を決めていくために，1チーム5人程度で編成する ・担任は子どもたちの個性を考慮してチームメンバーを決める ・チームメンバーの話し合いで使うために，小型のホワイトボードと，各自で名前を書いたマグネットシートを貼り付けておく ・当面はクラスで練習し，状況に応じて2クラスのチーム対抗で行う
2	チームメンバーを子どもに伝え，チームに分かれて走順を決める話し合いをしました。あっという間に話し合いは終わり，早速リレーをすることになりました。すると，自分が走り終えると砂や草花で遊び始める子，負けたのは一生懸命走っていないからだと友達を責める子，もうやりたくないと言ってトラックから出てしまう子，と子どもたち自身が予想していなかった形で終わりました。担任は子どもたちに，運動会でリレーをしたいか，したくないかだけを確認して終了しました。
3	勝って意気揚々のチームと，活気がないチームと雰囲気に違いが出てきました。リレー2回目終了後，担任はなぜ勝つことができたのかみんなに問いかけました。子どもたちからは「順番をみんなで考えたから」「一生懸命走ったから」「自分は速いんだって思って走ったから」「夕方とかいっぱい練習したから」等，いろいろな意見が出されました。担任は勝ち負けの評価はせず，子どもたちにリレーをやりたいかどうかの気持ちを聞くにとどめました。夕方にも練習したという話を受けて，いつでも取り出せる場所にバトン，ミニコーンを置くことを伝えました。
	4チーム中いつも4位のチームがありました。特別支援児Aくんがいる

4	チームです。そのときの気分でリレーから抜けてしまったり，笑いながらのんびり走ったりするＡくんがやる気を出してほしいと思ったメンバーは「どの順番で走りたい？」と，本人の思いを聞き何度も走順を話し合いました。ホワイトボードに貼られた名前を書いたマグネットシートは，話し合いの中で何度も貼り替えられました。メンバーはいつも笑顔で明るいＡくんのよさと，全力で走ればとても速いということをよく理解していたのです。４位が続いていることについて，誰一人Ａくんを責めようとしませんでした。担任は，ときにチームのよさを言葉にしてメンバーに伝えたり，頑張っているところを他のチームに紹介したりする等，側面から支えていました。
5	好きな遊びや夕方の時間を利用して，リレーをするチームが増えてきました。運動会が１週間後に迫ったある日のこと，Ａくんのチームが初めて３位になりました。メンバーは飛び上がって喜び合いました。「３番だよ！　３番になったんだよ！」そして「Ａくんが一生懸命走ったからだよ。だから３番になれたんだよ」と，口々にＡくんを認めていました。他のチームのメンバーたちからも，１位でないにもかかわらず「すごいね」と拍手がわいていました。 興奮が冷めてきた集まりのとき，担任は「今日３番になったね。すごかったね。どうして勝てたのかな」と尋ねました。子どもたちは「みんなが一生懸命走ったから」「うん，Ａくんすごく速かったよね」と答え，担任が「そうなのね。Ａくん一生懸命走って速かったんだね」とＡくんに言うと，Ａくんは笑顔で「うん」と頷きました。 そして「先生もすごくうれしかったよ。みんなが力を合わせて頑張っているから」と，子どもたちのよさを認め，リレーについての評価は一切しませんでした。
6	３位になったＡくんのチームの高揚した雰囲気は他のチームにも影響を与え，リレーをしているとき砂遊びをする子もやる気のない様子もすっかり影を潜めました。運動会当日，どのチームの子どもたちも笑顔で全力を出し切り，順位に不満をもつこともありませんでした。Ａくんのチームは４位に終わりましたが，メンバーは保育者も驚くほどの笑顔で退場していきました。

○保護者の意識の変化

　リレーが全く軌道に乗っていないときに保育参観し，子どもの様子を一日見ていた保護者がいました。その保護者は運動会終了後に「リレーはとにかく速く走って，１着になることが目標と思っていました。子どもたちが悩みながら話し合って，お互いのことを気にかけながら一生懸命取り組んでいる姿に胸をうたれました。その後の経過が気になって，

毎日公開日誌や経過報告の手紙を読んでいました。今日はもう，ただ感動してしまって，どの子も素晴らしかったです。子どもってすごいですね。こんなふうに成長していくんですね。先生，ご指導ありがとうございました」と話してくれました。教育熱心な保護者で，5歳児の指導がゆるいのではと言っていた考え方が変わり，子どもの活動を支援する姿勢になっていったのです。そして，この保護者から情報が発信され，運動会に向けて多くの子どもは保護者の支援を受け，当日の温かな応援の雰囲気を生み出したのです。

　いろいろな遊びの中で十分に体を動かすということは，健康増進や体力増強だけを目的にしているわけではありません。運動を通して，様々な活動への意欲や社会性，創造性を育むことがとても大切です。保育者は子どもが自ら運動したくなる環境を整え，子どもと一緒に体を動かし，一人一人が満足感や達成感，自己有能感を味わうことができるように指導を行っていきましょう。

▷ 11 「幼児期運動指針」「1　幼児期運動指針の推進に当たって」(1)保育者の方に向けた提案。

演 習 課 題

①日常生活の中で体の動きを引き出すために，どのような工夫ができますか。生活場面でみられる例を挙げて考えてみましょう。

②体を動かして遊ぶことの大切さや楽しさを保護者に伝えるための情報発信の方法にはどのようなものがありますか。実際に工夫してつくってみましょう。

参考文献

井上芳光・山瀧夕紀・谷玲子（2006）「母親の運動経験・活動性が幼児の運動量・運動能力に及ぼす影響」『日本生理人類学会誌』11（1），1〜6頁。

櫻木真智子・太田よし美・西田ますみ・梁川悦美・桐川敦子（2015）「『親子で楽しむ運動遊び』の実践が子どもと保護者に与える影響に関する報告」『聖徳大学研究紀要』第25号，『聖徳大学短期大学部研究紀要』第47号，143〜151頁。

東京都教育委員会（2007）「東京都公立幼稚園5歳児の運動能力に関する調査研究」『東京都教職員研修センター紀要』第7号。

日本小児保健協会平成22年度幼児健康度調査委員会（2011）「平成22年度幼児健康度調査速報版」『小児保健研究』70（3），448〜457頁。

ベネッセ教育総合研究所（2016）「第5回　幼児の生活アンケート」。

森司朗・吉田伊津美・鈴木康弘・中本浩揮（2017）「最近の幼児の運動能力──2016年の全国調査から」『日本体育学会第68回大会予稿集』。

文部科学省（2010）『平成22年度全国体力・運動能力，運動習慣等調査報告書』。

文部科学省（2011）「体力向上の基礎を培うための幼児期における実践活動の在り方に関する調査研究報告書」（http://www.mext.go.jp/a_menu/sports/youjiki/index.htm 2019年5月1日確認）。

文部科学省（2013）「幼児期運動指針ガイドブック」（http://www.mext.go.jp/a_menu/sports/undousisin/1319772.htm 2019年5月1日確認）。

吉田伊津美・砂上史子・松嵜洋子編著（2018）『保育内容「健康」』光生館。

第9章

体育的行事と健康

· ·

　この章では，幼稚園・保育所などでよく行われる運動を主にした行事（体育的行事）が子どもの健康を促進するためになぜ重要なのか，その意味を考え，また実施において留意すべき点は何かを考えていきます。

1．運動会

1　この活動の特性

　入退場門や万国旗が飾られ，かけっこのコースやリズムダンスの円がくっきり描かれた会場，保護者がカメラ（スマホ）やビデオカメラ片手に子どもたちに声援をおくる様子など，運動会の状況はどこの園でもよく似ています。運動会に欠かせない要素は，子どもたちが走ったり跳んだり踊ったりする様子を，保護者や地域の人を招いて観てもらうこと，そして多くの園では，会場の飾りつけに子どもたちの作品が展示され，運動だけではない華やいだ参観の場になっています。

　では，なぜ，運動会を開催するのでしょうか。

2　この活動のねらい

　発達過程・年齢によっても，また地域や園の状況によっても「なぜ運動会を行うのか」は異なるでしょう。しかし，多くの共通点がみられます。

　まず，子どもたちにとっての意味を考えてみましょう。保護者や地域の人，きょうだいなど多くの人に競技やダンスを見せ，頑張った姿を褒めてもらうことで自信をもち，運動が好きになることが挙げられます。また，保護者にとっては，応援しながら子どもと共通の感情体験をする中で，子どもの成長を実感し，子育ての喜びを深める機会になることが考えられます。

　では，発達過程・年齢によってねらいがどのように変わってくるのかをみてみましょう。

○0歳児：多くの人の中で一緒にいられたという経験ができます。普段と異なる環境に驚いて泣いてしまう子どももみられますが，経験を重ねる中で，徐々にたくさんの人の中にいても安心していられる

ようになります。いつもとは違う賑やかな，沸き立つ感覚は乳児も感じ取っていることでしょう。

○1歳児：保育者と手をつないで短い距離を走ったり，簡単なゲームに参加したりできるようになってきます。お兄さん・お姉さんの応援をして楽しい雰囲気を感じ，運動遊びへの関心を高める・やってみたいと思うようになることが大切です。

○2歳児：保育者が待つゴールを目指して走ったり，保護者と一緒に競技に参加したりできるようになります。恥ずかしがったり，大勢の人の前に出ることを怖がったりする子どももみられますが，こうした姿も成長の証であり，ダメな姿ではありません。お兄さん・お姉さんを一生懸命に応援したり，自分でできたことに喜びを感じたりします。見てもらうことで誇らしさを覚える姿や，特定の人への愛着を応援という形で表せるようになった姿を大切にしたいものです。

○3歳児：保育所では3歳はお兄さん・お姉さんです。しかし幼稚園では入園後初めての大きな行事に戸惑っている頼りない存在です。同じ年齢でも，集団生活経験があるかどうかで，保育所の子どもと幼稚園の子どもとは随分育ちが違っているのが3歳児です。保育所の3歳児は，かけっこも力強くなりゴールを目指して走り切りますし，団体競技も保育者と一緒に楽しめるようになっています。「△△ちゃ～ん，がんばって～」と名前を叫びながら応援する姿や，競技やダンスなどを見て，一緒になって歌ったり踊ったり喜んだりするなど，他者と気持ちを共有できるように育ってきています。こうした姿を引き出すことが運動会のねらいになります。

幼稚園の3歳児は，落ち着かない様子の子どもや出番になってもやりたがらない子ども，競技中に砂遊びを始めてしまう子どもなどもみられます。しかし，これは，いつもとは異なる周囲の状況を理解する力が育っている証でもあり，不安を感じる気持ちは自己を客観視する育ちの現れでもあります。ですから，叱ったり無理にやらせたりせずに，子どもの気持ちに共感しつつ声かけをして，無理のない範囲での参加を促すことも大切な配慮です。子どもたちに，「できなかった」「恥ずかしかった」という思いをもたせずに，みんなと一緒に参加できた，運動会は楽しいものだという気持ちをもたせることが大切です。

○4歳児：かけっこなどの個人競技はやり方がわかり，勝ちたいという気持ちをもって臨むようになります。身体の動かし方もスムーズ

になり，転ばずに力一杯走りきったり，跳び上がったり転がったり
する動きもテンポよくできるようになってきます。一方で，まだま
だ自分中心の行動もみられ，相手の様子に合わせることなく動いた
り，自分のチームが負けると悔しくて泣き，いつまでも気持ちを調
整できなかったりする姿もみられます。

自分と友達の力の差を認識できるようになってくる時期でもあり，
「下手だからやりたくない」「どうせ負けるから嫌だ」などという気
持ちも起こりがちです。他と比べることも大切ですが，幼児自身が
自分の成長を感じられるように工夫して，どの子どもにも，「前よ
りも上手になった」「いつかきっとできるようになる」「この運動が
好きだ」という前向きな気持ちをもたせるようにすることが大切で
す。そのためには，保護者と運動会前からよく連絡をとり，当日は
本人が努力している姿を認める言葉かけをしてもらうようにするこ
とも大切です。

○5歳児：目標をもって運動に取り組み，「□□ができるようになり
たい」「運動会には□□を見せたい」など，目当てに向かって継続
的に取り組むようになります。また，「お客さんが見てくれるから
恥ずかしくないようにしたい」などの客観的視点も育ってきて，自
ら努力したり友達にアドバイスしたりする姿もみられるようになり
ます。「運動会まであと○日だからもっと練習しよう」などの見通
しをもった言動も出てきます。友達のできることを認め，互いのよ
いところを活かしていこうと考えるリーダーがみられるようになり，
保育者が主導しなくても子ども同士で考えたり解決策を見出したり
できる場合も出てきます。走る・投げる・跳ぶ・くぐる・またぐ・
跳び越えるなどの運動機能が発達し，緻密に身体を動かせる子ども
が多くなってきます。しかし，身体を動かすことがあまり好きでな
い子どもや，俊敏な動きが苦手な子どももみられ，個人差が明確に
なる時期でもあります。運動が得意な子どももそうでない子どもも，
それぞれのよさを活かして活躍できるように，ダンスや団体競技，
飾り付け，司会進行など様々な場面が一人一人の子どもを意識して
用意されていることが重要です。また，運動会は友達と協力してで
きたという「協同」体験ができる場でもあることを意識して，5歳
児が力を出し切り，友達と一緒につくり上げた，自分たちの運動会
ができた，という満足感がもてるように構成を考えます。

①忍者の修行——様々な動きに関心をもつ（４・５歳児）

　走る・渡る・くぐる・跳び越える・投げるなどの様々な動きを組み合わせたサーキットコースをつくり，４人程度でスタートして順に次々に技を出していく様子をみてもらいます（図9-1）。

　競技中には，早くゴールすればよいという基準ではなく，それぞれの技をいかに見事にやりこなすかを見てもらうようにアナウンスします。それによって，徒競走などではスターになりにくい子どももくぐる技では見どころがあったり，慎重に落ちないように歩みを進める一本橋渡りが注目されたりと，子どもたち一人一人の努力している点や優れている点を紹介できる競技です。

　この競技は，普段の遊びの中で子どもたちが忍者になって様々な動きを楽しんだり挑戦したりしている様子を活かして運動会で披露するという種目です。子どもたちに運動会でみせることを目標に提示して，平素から遊びの中で経験を重ねていくという流れをつくることができます。また，「初めはできなかったけれど，こんなに上手になりました」とか，「素速さだけが勝負ではなく，正確さにこだわっている姿を見てください」などの見どころや褒めどころを保護者に紹介するという目的も果たせる活動です。

②出したり入れたり——周囲の状況を見ながら機敏に動ける（５歳児）

　古タイヤを展開し，２チームに分かれて一方がボールをタイヤに入れ，もう一方のチームがボールをタイヤから出します（図9-2）。出したり入れたりし合うため，なかなか勝負がつきにくく，見応えがあります。素速い動き，状況判断をする力，友達との連携など，走る力だけではない運動能力の見せ場がつくりやすい活動です。動きとしては誰でもできることでありながら，チームとしてどう作戦を展開していくか，一人一人がいかにうまく動くかが勝負の決め手になるため，障害のある子どもがチームにいても能力差が大きく目立たず，それぞれに自分の力を発揮できる場がつくれます。

４ 指導上の留意点

①日頃の保育で経験してきていることや運動をする楽しさが十分に活かせる内容であること

　運動会のために厳しい練習をさせたり，保護者や観客が喜びそうな種目を保育者が決めてしまったりするのではなく，日常の遊びや生活の中で子どもたちが経験してきたことが活かせる内容にしましょう。そのた

タンブリンをたたく

（行き）　　　　　　　　　　「足グー」でとぶ　フラッグコーンを倒す　トンネルくぐり　　Uターン

※フラッグコーンの下に
　目印を描いておく

「足パー」でとぶ　　フラッグコーンを立てる　　　　　　（帰り）

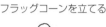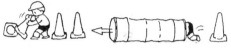

ハイハイをして，よじ登る

図9−1　忍者の修行

出典：米谷光弘（1989）『運動会に生かす体育あそび』ひかりのくに。

めには，日頃から何気ない場面で意識して体を動かすことができるような工夫を施し，子どもたちが体を動かす楽しさを味わったり，十分に経験できるようにしましょう（写真9−1）。

②子どもにとって無理のない競技内容であること

発達過程や運動経験・集団活動経験の有無などの条件を整理し，自分の園の子どもに一番合った競技内容を考えることが必要です。できれば，1学期から遊びや生活で経験し積み上げたことを競技として形づくっていけるようにすると，子どもにとって無理のない運動会になります（写真9−2）。

図9−2　出したり入れたり

出典：図9−1に同じ。

4歳児・5歳児などは，運動会に向けて新しいことに挑戦するというチャンスにすることも効果的でしょう。ただし，すべての子どもができるようになる機会と場を保障し，なかなか習得できない子どもについては運動会以前に個別に指導して「できる」という段階まで到達させていることが大切です。運動会では，どの子どもにも「できる！」「できた！」と自信を深めてほしいものです。また，運動会後の取り組みについてもあらかじめ考えておくとよいでしょう。

③子どもが自信をもってできること

特に5歳児にとっては，保育者に主導されて行事に参加している，指示されたことをするというのではなく，主体的に自ら喜んで取り組む姿をみせたいものです。

そのためには，競技内容・ルールについても明確に把握できるように

写真9-1　廊下でケンパをする　　　写真9-2　しっぽ取りをする4歳児
　　　　3歳児

事前に幾度もその運動遊びを経験しておく，進行やアナウンス等の言葉もできるだけ子どもが自分たちで考えたもので行うように準備する，運動会全体の流れが子どもにもわかるようにする，図示などの工夫をしてどこで何をしたらよいかを子どもが自分で見て理解できるようにするなどの工夫が必要です。「言われてできる」から「自分で動ける」運動会への転換のためには準備期間に計画的に取り組みを重ねることが必要です。子どもが自ら動けるようになっている運動会は，保護者も安心して参観できますし，子どもへの褒め言葉も自然に出るようになります。運動で体を十分に動かす楽しさを味わうことはもちろんですが，見通しをもって行動できることも「健康」領域の大切なねらいです。

　また，子どもたちのイメージを膨らませ気持ちを盛り上げるために，音響や楽曲を工夫することも大切です。誰でも知っている曲，子どもが自然にリズムにのれる曲など，子どもたちの頑張りをサポートするような楽曲を準備し，日頃から馴染ませておきましょう。好きな曲が流れることでやる気が倍増します。

④互いのよさを認め合う場にすること

　運動は，できる・できない，上手・下手が見えやすいという面があります。そのため，努力した成果が本人や周囲の人に認められやすいというよさもありますが，一方で，不得手な子どもは「失敗したらどうしよう」「どうせ自分は負けるから」といったネガティブな感情をもちやすく，運動会を気持ちよく迎えられない様子もみられます。保護者や多くの参観者の前で恥ずかしい思いをしたことで運動嫌いになってしまうようなことがあれば，運動会は負の効果しかないものになってしまいます。

　こうしたことに対しては保育者が十分な配慮をすることが必要です。これは，勝敗をつけてはいけないということではなく，勝敗だけではない評価基準を運動遊びにどう持ち込むか，という課題であると考えます。

徒競走などは力の似たもの同士で一緒に走るように組み，勝ったり負けたりをどの子どもも経験できるようにしてやる気を高揚させるとか，速さだけでなく巧緻性，慎重さ，丁寧さなどが評価されるような内容の競技を考えるなど，保育者が工夫できることはあります。

　リレーなどのチーム競技では，運動会前の取り組みの過程で，「あの子のせいで負けた」という気持ちがよくみられます。それをそのままにせず，それぞれの力を十分に出すことが大切であること，個々の能力差はあってもチームとしてどう活かすか・補うかを工夫することが大切であると繰り返し伝え，子どもたちに考えさせることが重要です。協力する・力を合わせるということは自分の都合や思い通りにはいかない，考えや能力の異なるそれぞれのよさに気付き活かそうとすることが大切だと，葛藤や挫折などを含めた経験を通して子どもなりに気付いていくことが，特に4・5歳児にとって運動会を通して育てていきたい重要な要素です。

⑤保護者に見てほしい点・褒めてほしい点がわかりやすいこと

　保護者は，どうしても上手・下手という価値観で子どもを評価しがちです。見栄えは大切な視点ではありますが，それだけでは評価できない点を保育者が補うことで，子どもの育ちをうまく見取ってもらう必要があります。たとえば，運動会前の1か月間に幾度か「運動会への取り組み」などの学級便りを発行して取り組みの経過を知らせ，育ちがみえやすくするなどの工夫が必要です。その際に，子どもたちの努力する姿，変化してきた姿，友達の努力を認める姿，うまくいかないときの葛藤の状況なども伝えた上で，保育者がどのような育ちを見取っているか，どのような育ちを期待しているのかを書き添えることで，保護者に見栄えだけではない評価の観点を徐々にもってもらうことができます。

　また，一つのプログラムは10分程度に収め，長くなってだらけた雰囲気にしないことや，競技と競技の間をできるだけ短くし盛り上がりを冷めさせないことも，構成や準備・片付けを考える上でのポイントです。

2．水遊び・プール遊び

1 ▶ この活動の特性

　水鉄砲や水車をつくって遊ぶ，ビニールプールで水浴びをする，プールで水遊びをする，泳ぐなど，水遊びには様々な種類があります。水に親しみ，流れたり染み込んだりする水の性質に関心をもつこと，水の中で浮力や流れる感覚を体験したりすることなどを目的に行われます。また，水遊びをする際には，身支度をしたり着替えをしたりすることが必

須であり，遊びの必要性の中でこうした生活習慣に子どもが自ら取り組み，できるようになることも重要な要素です。

▶2 この活動のねらい

　子どもは，乳児期から水との親和性が高く，水に触りたがったり飲もうとしたりする姿がみられます。しかし，2歳頃から，水を怖がったり水に触ることを嫌がったりする子どももみられるようになります。こうした姿は発達上特別なことではありませんが，経験を重ねる中で，就学前までには，子どもが水との安全な関わり方を知り，活動を通して水の心地よさを味わった上で，自分で身支度や片付けができるようにすることを目指したいものです。

　では，発達過程・年齢によってこのねらいがどのように変わってくるのかをみてみましょう。

　〇0・1歳児：水に親しむこと，水の感触を楽しむことが大切です。手や足が水に触れても嫌がらない，暑い日には水に触れた後に心地よい気分を味わうなどを通して，水との親和性を深めていくことがねらいになります。

　〇2・3歳児：水鉄砲や水車，色水等の水を使った遊び（写真9-3，図9-3）に親しみ，水が飛ぶことや流れること，水にものが溶けることなどに関心をもちながら水の性質に触れ，楽しめるようにします。プールでの水遊びでは，事前に排泄を済ませることや身仕度をすることなどを，保育者が丁寧に補助しながら伝え，身に付けさせていくことが大切です。

　〇4・5歳児：高低差をつけて水を流したり，樋を使って遠いところまで水を通したりしながら，水が高いところから低いところに流れることや水量と水流の関係に気付き，試したり考えたりする姿がみられるようになります。プールでの水遊びでは，身支度や事前の排泄・体操などは言われなくてもできるようになり，動きがスムーズになります。水の中で手足を伸ばしたり動かしたりすることが好きで思い切り取り組む子どもと，反対に水がかかることを嫌がったり怖がったりする子どもがみられます。友達ができるようになったことに刺激を受けて，初めは怖がっていた子どもも水に顔をつけられるようになるなど，回数を重ねていくうちにできるようになる姿が多くみられるようになります。バタ足で進んだり，潜水して泳いだりできる子どももおり，徐々に浮くことや泳ぐことの楽しさを感じられるようになってきます。

写真9-3　色水遊び

箱に刻んだ色紙を入れて
おき，子どもが使いやす
いよう工夫した色水遊び。

図9-3　ペットボトルの迷路

出典：大橋喜美子監修（2011）「乳幼児の発達
　　　と保育」DVD を参考に作成。

3　発達過程に沿う活動内容例

①見える！　水の迷路──やってみたいという意欲を高める（2歳児以上）

　ペットボトルを組み合わせて水の迷路をつくると，水が流れていく様子が外からよくわかり，子どもの関心が高まります。また，色水を入れると，混色する様子がわかります。「あっ，紫になった」「緑に変身した」などとリアルタイムに混色の様子を見て取ることができ，入れる色を変えて試したり，量を変えてみたりする様子も見られ，子どもが気づき，試す動きや，不思議だなと思う経験を重ねられます。

②流れるプール──保育者や友達と一緒に動ける（4・5歳児）

　全員でプールの中に立ち上がり，同じ方向を向いてバシャバシャと走ります。ある程度走ったところで一斉に走ることを止め，水の中にしゃがみます。水流にのって流されている感覚を楽しめます。水の中を走ることは水圧を受けて運動量も多く大変ですが，みんなで一緒に同じ動きをしなければ流れがつくれないため，気持ちを合わせて一緒に楽しむことが経験できます。流れにのる感覚が心地よいため，顔に水がかかることが嫌だという子どもも，この遊びには張り切って参加し，水の流れに身を任せる楽しさを味わうことができます。

4　指導上の留意点

①身支度・片付けなども水遊びの一環として子どもが自分でできるようにする

　水遊びをする際には，着替えたり用具を用意したり，場所を設定したりする必要があり，保育者の環境構成も手がかかる面があります。しかし，こうしたことを保育者がすべて行ってしまうのではなく，子どもと一緒に場を設定したり，着替えの用具を準備したりすることで，子ども

が自分で準備や片付けをする習慣を育てていくことが大切です。

②遊びを通して，水の性質に気付いたり不思議だと思う経験ができるように試したり考えたりできる工夫をする

　水遊びは，樋をつなげたり高低差をつけたりして流すなど，状態を変化させる遊びを行いやすいという利点があります。子どもたちが自分の考えでつくったり組み立てたり，再構成したりしやすいように，子どもが扱いやすい塩化ビニル製の樋を長さや太さを変えて多種類用意したり，やり方を変えて試す動きが十分にできる時間を保障したりすることが大切です。また，子どもが「なぜ，うまくいかないのだろう？」「どうしてこうなるの？」という疑問をもった際に，保育者が初めから答えてしまわずに「なぜだろうね…」「どうしてだろう？」と子どもと一緒に考える姿勢を示し，子どもが「そうだ！　○○してみたらどう？」と提案してくる動きを待って引き出す援助が重要です。

③プールでの水遊びは，注意事項を守って行うことで安全にできることを知らせ，守らせる

　水遊びは大変楽しいものですが，安全上の配慮を欠くと生命の危険に結び付く重大事故を起こす危険性もあります。なぜ決まりを守ることが必要なのかを，事前に落ち着いた状態できちんと子どもに伝えることが重要です。ホイッスルなどで保育者が合図をしたらすぐにおしゃべりを止め動きを止めることなど，最低限の約束と合図を決め，それを遵守することが水遊びをする条件であることは必ず伝えなければなりません。子どもに任せてよいことと保育者の指示に絶対に従わなくてはならないことの両方があることを，まず保育者自身が整理して理解し，子どもと共有しましょう。

④開放感を十分に味わえるようにする

　決まりを守って遊ぶことができれば，水遊びは危険なものではなく，水浴びの開放感は他の遊びに代えがたいものがあります。開放感を十分に味わうために，思い切り手足をバタバタさせたり，大きな声を出したりできるように環境設定を行います。体を動かす心地よさを声に出して味わうことで満足感が一層高まります。

　また，保育者の指示通りに動くだけではなく，子どもが自分なりに挑戦したり，友達と一緒に動いてみたりできる時間も必要でしょう。自分のペースで好きな動きに取り組む，好きな友達と一緒に動くことが開放感や満足感につながります。

　プールでの水遊びは個人差が大きく，どんどん潜っている子どもがいる一方で，顔に水がかかるだけで泣く子どももいます。子どもの好きな

ことや嫌がっていること，できることや怖がっていることなどをよく観察し，どの子どもも安心して取り組めるように，水への親しみ方のレベルごとに時間帯を分けたり，怖がっている子どもに対しては個々に丁寧に関わり，怖いという感覚から気持ちよいという感覚に変えていけるように援助することが求められます。

5 ▶ プール遊びの留意点

　また，プールでの水遊びを行う際には，安全管理・健康管理・清潔管理等が他の活動以上に細かく必要になるため，保育者や保護者が事前に打ち合わせや準備をする必要があります。

　まず始めに，プールでの水遊びを行う際には，「健康チェック」を必ず行うことを忘れないようにしましょう。また，水質検査・実施時の管理体制等についても組織的に実施する必要があります。プールでの水遊びが近づいたら，保護者に「プール遊びを楽しむための準備」や「健康チェック」について知らせ，協力してもらいましょう。

①プール遊びを楽しむための準備

- 保護者に，毎朝登園前に体温を測り，子どもの健康状態とプール遊びに参加できるかどうかを必ず記入してもらうように，事前に伝えておきます。
- 「プール遊び参加表」をつくり，登園時，保護者に子どもの健康状態を記入してもらい，プール遊びに参加できるかどうかを確認します。
- しっかり睡眠をとる，朝食を食べる，爪を短く切っておく，耳掃除をしておくなどのことを，自宅で行うように呼びかけましょう。

②健康チェック

　「プール遊び健康チェックリスト」をつくり，保護者に毎日チェックしてほしい項目を示します。

　下記は「プール遊び健康チェックリスト」の参考例です。

〈プール遊び健康チェックリスト〉
　プール遊びの日は次の項目の健康チェックをしてください。一つでもあてはまる場合はプール遊びはお休みしましょう。
□熱がある　頭が痛い
□目やにや充血がある
□皮膚に湿疹がある
□お腹の調子が悪い（下痢をしている・便がゆるい）
□咳や鼻水が出る

□化膿している傷がある

□感染性の病気にかかっている（水いぼ・とびひ・結膜炎）

③水温・水質検査

　プール遊びを行う際には，天候はどうか，風は強くないか，熱中症や落雷の心配はないかなど，気象情報を確認して実施の可否を決めます。[注1]

　また，気温・水温の目安を決めてきちんと測定し，実施できるかどうか，実施時間はどの程度が望ましいかを決めます。

> 〈参考〉
> 気温＋水温が50℃以上ならば実施する。
> または，水温が27℃以上ならば実施する。
> 気温＋水温が65℃以上ならば実施しない（熱中症対策）。

　水質検査については，園の薬剤師に定期的に検査をしてもらう他，毎日，保育者が目視で濁りや異物がないかを確認し，簡易キットを使って残留塩素を測定したり，塩素消毒の準備をしたりします。

　残留塩素濃度や塩素消毒の方法については，保健所等からの指示が[注2]ありますので，それに従って行いましょう。

④保育者の役割分担・「もしものときの対応マニュアル」の作成

　施設・物品管理，水質管理，監視，緊急時の連絡など，プールでの水遊びを行う際には，保育者一人ですべてをまかなうことはできません。園全体での体制をあらかじめ作成し周知しておくことが重要です。

　監視というのは，子どもと一緒にプールに入って指導をする保育者の他に，水の中には入らずに常に全体を見渡して，異常がある子どもや危険な行為を発見し，大事に至らないように注意を怠らない，監視のみに徹して子どもたちから目を離さないという役割です。

　もしものとき（子どもの体調が急に悪くなったとき，溺れたとき，けがをしたときなど）のために，誰がどこで手当を行うか，誰が医療機関や消防署（救急車の要請等）に連絡を入れるか，役割分担と仕事内容を明記したマニュアルを作成するとよいでしょう。もしものときに保育者が慌てずに落ち着いて対応することで，他の子どもたちも落ち着いて行動することができます。

3．園外保育

1　この活動の特性

　保育所では，乳児期から子どもを園外に連れて行き，近隣の公園等で過ごす場面がよくみられます。園外保育には，近隣に散歩に行くことで草花や虫などに触れる機会をつくったり，季節の変化を身近に感じたり，道路を歩く際の交通ルールを身に付けられるという積極的な効果が多く挙げられます。また，目的地までの往復を歩き通すことで体力の増進を図るねらいもあるでしょう。

　幼稚園では，保育所ほど頻繁に園外に出ることは少ないでしょうが，遠足で大きな公園に行き，広い場所で思い切り走ったり，アスレチック遊具で遊んだり，ゲームをしたりする計画が組まれることが多いようです。

　どちらも，園内とは異なる場所であること，特に広さや高低差（アップダウン），植物や樹木があるといった複雑性のある環境に子どもがどのように対応して動けるかという点が一つのポイントでしょう。

2　この活動のねらい

○0・1歳児：園外の公園等の施設への往復の道中に大きな意味が込められています。できる限り自分で歩くことは，子どもにとって周囲のものや人に関心を寄せながら進んでいく道中が楽しい経験であるとともに，脚力をはじめとする体力をつける上での効果が大きいことはいうまでもありません。道の端に寄って歩くことや，交通ルールを守ることなどを，保育者に見守られながら日々の経験を通して自然に身に付けていくことも期待されます。また，地域の人々に見守られながら過ごす機会をもつことで，様々な人とのつながりを感じられ，それは子どもの心身の健全な育成を支える要素となります。

○2・3歳児：列をつくって道路の端を歩いたり，友達と手をつないで歩いたりできるようになり，自分の体を使って移動する楽しみを味わえるようになります。公園等でも，広い場所で走ったり，簡単な鬼遊びをしたり，遊具で遊んだりして，体を動かす楽しさ・心地よさを存分に味わうことができます。「また，△△をしに来ようね」という目的をもって園外保育に行くようになり，主体的な動きを育てるよい機会になります。

ダンボール
すべり

スロープ
かけのぼり

石垣からジャンプ

ひもくぐり

木の幹渡り

図9-4　ヒーローに変身

○4・5歳児：年少児に危険がないように気を配って歩いたり，危ないことを教えたりします。広い場所を思い切り走り回り，鬼遊びやゲーム，ボール遊び，友達との探索活動などを主体的に行うことができるようになります。危険な場所を理解し，自分で回避するように注意したり，友達に教えたりします。往復の道で出会う人や場所に関心をもち，自分から挨拶をしたり，いつもと異なる変化に気付いたり，見聞きしたことを園での遊びや生活に取り入れたりできるようになり，往復の行程が貴重な情報収集の時間にもなります。

3 　発達過程に沿う活動内容例

①オリエンテーリング──ルールがわかり，友達と協力できる（5歳児）

　保育者が，公園の樹木や遊具などにいくつかの目印をつけておきます。子どもたちを3，4人のグループに分け，カードに「プリンやまから10ぽあるいたところにあるミカンのきをさがせ」など，5項目程度の"ミッション（指令）"を書いてグループに渡します。子どもたちは友達と相談しながらその場所やものを探し，見つけた証拠にその場所にある目印のカードを持ってきます。すべてのカードが整ったら，リーダーの保育者の元に持って行き，「ミッション終了」を告げます。

②ヒーローに変身！──様々な運動遊びができる（4・5歳児）

　縄跳びを飛び越す，並べてある木の幹の上を歩く，高いところから飛び降りる，スロープを駆け上るなど，公園の立地を利用した様々な動きを子どもたちと一緒に考え，用具を準備します（図9-4）。すべてのものを一巡したらヒーローに変身するグッズを一つ保育者から受け取り，再度コースに挑みます。早く終わった子ども"ヒーロー"は，まだ終

わっていない友達にやり方を教えたり手伝ったりします。

◢4▶ 指導上の留意点

①移動や園外保育の場所などでの安全確保のための下見を十分に行う

　交通ルールを守って移動することはもちろん，側溝や道の舗装なども
あらかじめよく調べて危険がないように留意します。道を歩く際には端
に寄るように注意しますが，保育者に言われたから行うのではなく，子
ども自身が自分でよくみて気を付けて歩くように指導します。

　公園等は公共の場であるため，他の使用者の邪魔にならないように気
を配りながら，子どもたちが十分に体を動かして遊ぶことができるよう
に遊びを展開する場所や方法を考えます。水道・トイレ・荷物置き場な
どは状態を事前によく確認しておくことが重要です。

②遊具などは子どもが使うことができるものかどうかを確認する

　遊具の状態をよくチェックし，古いものや器具の点検が十分でないも
のは使わせないようにします。また，子どもの発達段階や運動能力に照
らして，大きすぎるものやスピードが出すぎるもの，高すぎるものなど
は使わせないように事前に子どもに指導することが必要です。その際に，
なぜ使ってはいけないのかという理由を子どもが納得できるように説明
しなければなりません。

③危険な場所や危険な遊び方を具体的に子どもに伝える

　園外に来ていることでハイテンションになる子どもがみられます。慎
重に行動するために必要な落ち着きを失い，危険なことをしたり，自分
の力以上の無鉄砲な行動をしてしまう姿もみられます。それを防ぐため
には，遊び始める前に，落ち着いた環境で，子どもが納得できるように
危険な場所や遊び方を例を出しながら伝えていきます。何を自分で考え
判断したらよいか，どのような場合は保育者に判断を求めなければなら
ないのかを伝え，問いかけて，子どもに復唱させるなどの方法で確認し
ます。

　子どもたちが遊んでいる様子を見守る中で危険なことがあった際には，
個別に注意するとともに，周囲の子どもたちにも伝えていくようにしま
す。必要に応じて全員を集め注意点を確認するとよいでしょう。

　また，保育者同士で，誰がどこにいてどの範囲を中心に見守るかをよ
く相談しておきます。個別の活動をみたり指導したりする保育者の他に，
必ず全体をみている保育者を設定することが重要な点です。

④場所の特性を活かし，体を十分に動かす活動を取り入れる

　直線コースを思い切り走り抜ける，大きなコートを描いてドッジボー

ルをする，チームに分かれてサッカーやリレーをする，大きな樹木や茂みを活用してかくれんぼをするなど，普段園では行えない遊びを計画し，体を十分に動かす経験ができるようにします。土手や築山の坂を利用しての段ボールすべりも4・5歳児は十分に楽しめます。

　体力がついてくる5歳児になったら，こうした遊びに必要な用具や器具を分担して運ぶことも，子どもの活動への意欲を高めることにつながります。「重かった」「運ぶのが大変だった」という思いは「でも，頑張った」と，活動の満足感を一層高めることになるからです。

⑤動的な活動と静的な活動の配分に留意し，十分に体を動かした満足感が得られるようにする

　伸び伸びと体を動かせる場所に来ているので，動的な遊びを中心に活動計画を立てていることでしょう。もちろん，「ああ，疲れた」と言うくらい子どもたちが全身を使って遊ぶ経験を十分にさせることは大切なねらいです。しかし，動的な活動ばかり長時間続けていると，子どもの注意力が散漫になったり体が思うように動かなかったりしてけがをする可能性が高くなります。子どもたちの状況をよく観察して，疲れすぎないところで静的な活動に移行し休憩を取ることが大切です。

　また，暑い季節は熱中症にならないように水分補給や涼しい場所での休憩を小まめにとるように計画することを忘れてはなりません。

演 習 課 題

①運動会のプログラム案をつくってみましょう。何歳児がどのような競技をするか，競技の順番をどのように配置するかを考えてみましょう。
②保護者に「プール遊びが始まります」とお知らせする手紙（学級だより）をつくってみましょう。
③3歳，4歳，5歳のいずれかを選択して，園外保育で保育者と一緒にするゲームを考えてみましょう。

参考文献
大橋喜美子監修（2011）「乳幼児の発達と保育 Vol. 2 1歳児・2歳児」DVD，映像教育センター制作。
文部科学省（2014）「水泳指導と安全」『学校体育実技指導資料第4集「水泳指導の手引」（三訂版）』。
米谷光弘（1989）『運動会に生かす体育遊び』ひかりのくに。

第10章
特別支援教育

この地球に生まれた全ての人が，等しく教育を受け，自分の豊かな人生を歩み続けられるよう，保育者一人一人が，特別支援教育に関心をもち，支援を待っている全ての乳幼児に対して，自己の心を移しつつ保育・教育をし支援することが，これからの日本の幼児教育に求められています。

1．特別支援教育の歴史と変遷

　戦後の学校教育制定の中で，障害児に対する制度として，1947（昭和22）年の学校教育法制定に伴い，盲学校・聾学校・養護学校，小・中学校の特殊学級について制度化しました。そして，1948（昭和23）年には盲児・聾児の就学が義務化され，1979（昭和54）年には，養護学校就学義務化が本格的に実施されるようになりました。また1993（平成5）年には，通級による指導も制度化され，特別支援を必要とする子どもたちの教育は本格化しました。こうした制度改革が進む中で，2005（平成17）年に発達障害者支援法が制定され，翌2006（平成18）年，LD（学習障害），ADHD（注意欠如多動性障害）の指導を通級の対象とし，あわせて自閉症を明記することとなりました。

　2007（平成19）年には，特別支援教育の本格的実施に伴い，今までの特殊教育から特別支援教育と改められ，一人一人のニーズに応じた適切な指導及び必要な支援を行うこととなりました。そして，この年日本は，国連の障害者権利条約に批准し，国際基準に準じて特別支援教育の取り組みが進められることとなりました。

　障害者権利条約の国際的ワードとして，インクルーシブ教育システムの理念や合理的配慮などについて，新たな特別支援教育のあり方が示されました。

　そして，2009（平成21）年には特別支援学級の対象に自閉症を明記し，2011（平成23）年障害者基本法を改正して，障害をもつ子どもたち全てが十分な教育を受けられるようにし，可能な限り共に教育を受けられるよう配慮するとともに，本人・保護者の希望を十分に尊重することとしました。こうして，時を重ね，そのときどきの実情に応じて，様々な取り組みが行われるようになり，今まで社会から遠ざかっていた障害者も，共生社会の一員として，共に生活を共有していく社会参加意識が強まり，

障害者に対する偏見や差別等も，次第に解消されるようになり，インクルーシブ教育やバリアフリーなどの言葉の意味も理解され，よりよい共生社会が実現できるようになってきました。

こうした社会の動きに対して2013（平成25）年には，障害者差別解消法が制定され，認定就学制度を廃止し，本人や保護者の希望や意向で可能な限り，就学先の選択ができるようになりました。最近では，義務教育において，特別支援を受ける児童や生徒も，支援の受け方を自己が選択し，教育を受けることができるようになりました。そのため，支援を受ける障害をもつ児童や生徒は，年々増加傾向にあります。

2．幼児教育における特別支援

特別支援教育は，学校教育法第 8 章の第72条〜第82条に規定され，各学校（幼稚園等）の特別支援教育は，第81条に規定されています。

学校教育法
第81条第 1 項　幼稚園，小学校，中学校，義務教育学校，高等学校及び中等教育学校においては，次項各号のいずれかに該当する幼児，児童及び生徒その他教育上特別の支援を必要とする幼児，児童及び生徒に対し，文部科学大臣の定めるところにより，障害による学習上又は生活上の困難を克服するための教育を行うものとする。

現在，特別支援児やグレーゾーンとされる気になる幼児も含め，年々その数は増加傾向にあり，その対応が急がれています。一口に障害児といっても，軽度から重度までの子どもたちであり，個々の特異性をもっているため，個別の対応が必要となります。

こうした障害や課題をもつ子どもたちの受け入れについては，行政や専門家を交えて保護者と十分話し合い，共生社会に参加していけるその子の保育カリキュラムを立案する必要があります。文部科学省の特別支援の基本として，幼稚園教育要領では，障害のある幼児の生活実態を十分に把握し，今後求められる課題や，その子の特徴などを踏まえて，その子にあった指導計画を立案し，実践，記録していくことが重要であるとしています。

また，文部科学省初等中等教育局が2017（平成29）年に発出した特別支援課の特別支援体制整備ガイドラインによれば，園の設置者は特別支援教育に関する基本計画を策定し，教職員の専門性を高め，特別支援協

▷ 1　無藤隆・神長美津子（2003）『園づくり・保育の疑問に応える幼稚園教育の新たな展開』ぎょうせい。

議会を設置・運営し促進していくことが求められています。また，現場では，園内に園長が中心となって特別支援委員会を設置し，特別支援教育コーディネーターを指名し，個々の子どもの実態に即して支援計画を作成し，保育・療育を推進していくことが望ましいとしており，定期的に委員会を開催し，保育記録から課題を抽出し，新たな指導計画を作成しながら，進めていくことが大切であるとしています。その際，外部からの専門家や専門スタッフの協力を得ながら，保護者との連携を密にし，さらに専門機関と適切な連携を図り，進学先に対しては今までの保育・療育について引き継ぎをしていくことを求めています。

3．保育におけるインクルーシブシステム

　2012（平成24）年，中央教育審議会初等中等教育分科会は，特別支援教育のさらなる推進を図るため「インクルーシブシステム」の実現に向けて，障害のある子どもが十分に教育を受けられるようにするために提言をしています。このインクルーシブという言葉は，2007（平成19）年に署名，2014（平成26）年批准した「障害者の権利に関する条約」の中で使われているワードであり，教育部分第24条で，"inclusive education system at all levels" とは，障害者を包容するあらゆる段階の教育制度と定義しています。

　提言はまず「『インクルーシブ教育システム』とは，人間の多様性の尊重等の強化，障害者が精神的及び身体的な能力等を可能な最大限度まで発達させ，自由な社会に効果的に参加することを可能とするとの目的の下，障害のある者と障害のない者が共に学ぶ仕組みであり，障害のある者が，教育制度一般から排除されないこと，自己の生活する地域において初等中等教育の機会が与えられること，個人に必要な『合理的配慮』が提供される等が必要とされている」としています。

　そして，「インクルーシブ教育システムにおいては，同じ場で共に学ぶことを追求するとともに，個別の教育的ニーズのある幼児児童生徒に対して，自立と社会参加を見据えて，その時点で教育的ニーズに最も的確に応える指導を提供できる，多様で柔軟な仕組みを整備することが重要である」としています。ただし，私立学校等の民間事業者においては，努力義務としています。

　このように，インクルーシブ教育は，障害のある者と障害のない者が可能な限り共に学ぶ仕組みのことであり，日本国憲法第26条第1項に「すべて国民は，法律の定めるところにより，その能力に応じて，ひと

▷2　初等中等教育分科会（第80回）「共生社会の形成に向けて」（https://www.mext.go.jp/b_menu/shingi/chukyo/chukyo3/siryo/attach/1325884.htm 2020年1月20日確認）。

しく教育を受ける権利を有する」とある通り，教育を受ける権利が保障されています。

　つまり，互いがもつ権利を教育において共生し，共に社会を形成していく一員となることを目指しています。

　しかしながら，環境の整備や加配に対する補助制度がまだまだ整備されていない実情があり，実際には，障害をもつ多くの乳幼児が，教育を受ける機会に恵まれていません。しかし共生社会への意識は，年々高まり変わりつつあります。東京都などでは，公共施設など学校を含めバリアフリー条例が設けられ，障害者に優しいまちづくりを推進し環境整備に力を注いでいるところです。

4．障害の種類

　特別な支援の必要な子どもへの保育・療育については，国際的にもインクルーシブな保育の中で展開できるようになることを期待しています。文部科学省では，障害をもつ子どもの支援や保育・療育について，(1)視覚障害教育，(2)聴覚障害教育，(3)知的障害教育，(4)肢体不自由教育，(5)病弱・身体虚弱教育，(6)言語障害教育，(7)自閉症・情緒障害教育，(8)LD（学習障害），ADHD（注意欠如多動性障害）の教育，と区分し特別に支援を必要とする教育として挙げています。

　保育においては，近年障害ではありませんが，判断に迷うケースの子どもが多くみられるようになり，一人一人の個性としての範囲を超えるケースから，保育者は，どのように保育していけばよいのかと迷うことが多くなってきています。こうしたボーダーラインの子どもに対する保育や障害の認定を受けている軽度から重度の障害児に対して，加配を必要とする子どもの対応などについて，一定のガイドラインを示し対応していくように求めています。それぞれの園では，特別支援チームを編成し，対象児の観察や記録・省察などについて話し合い，保護者と十分な協議を重ねながら，保育・療育の指導計画を立案し，具体的な方向性を決め全学年的に取り組んでいくことが必要です。

　その際，クラスの保護者の理解や協力体制が必要です。そして，対象児がクラスの子どもたちとともに安心して保育を受けられるようにしていくことが重要です。また，療育センターや市区町村からの臨床心理士や療育士の派遣などと連携し，質的に高い特別支援が受けられる体制をつくることも大切です。

　一般的に，園などで取り上げられている発達障害児については，下記

の分類が提示されていますので，参考にしてください。

　文部科学省は，ADHD と高機能自閉症については次のように分類しています。[注3]

▷3　文部科学省「今後の特別支援教育の在り方について（最終報告）」(https://www.mext.go.jp/b_menu/shingi/chousa/shotou/054/shiryo/attach/1361204.htm 2020年1月20日確認)。

---

1. ADHD の定義と判断基準（試案）

1-1. ADHD の定義

　ADHD とは，年齢あるいは発達に不釣り合いな注意力，及び／又は衝動性，多動性を特徴とする行動の障害で，社会的な活動や学業の機能に支障をきたすものである。

　また，7歳以前に現れ，その状態が継続し，中枢神経系に何らかの要因による機能不全があると推定される。

　※　アメリカ精神医学会による DSM-4（精神疾患の診断・統計マニュアル：第4版）を参考にした。

1-2. ADHD の判断基準

　以下の基準に該当する場合は，教育的，心理学的，医学的な観点からの詳細な調査が必要である。

　　1.　以下の「不注意」「多動性」「衝動性」に関する設問に該当する項目が多く，少なくとも，その状態が6カ月以上続いている。（中略）

　　2.　「不注意」「多動性」「衝動性」のうちのいくつかが7歳以前に存在し，社会生活や学校生活を営む上で支障がある。

　　3.　著しい不適応が学校や家庭などの複数の場面で認められる。

　　4.　知的障害（軽度を除く），自閉症などが認められない。

　※　アメリカにおけるチェックリスト ADHD-RS（学校用），及び DSM-4 を参考にした。

2. 高機能自閉症の定義と判断基準（試案）

2-1. 高機能自閉症の定義

　高機能自閉症とは，3歳位までに現れ，1他人との社会的関係の形成の困難さ，2言葉の発達の遅れ，3興味や関心が狭く特定のものにこだわることを特徴とする行動の障害である自閉症のうち，知的発達の遅れを伴わないものをいう。

　また，中枢神経系に何らかの要因による機能不全があると推定される。

　※　本定義は，DSM-4 を参考にした。

　※　アスペルガー症候群とは，知的発達の遅れを伴わず，かつ，自閉症の特徴のうち言葉の発達の遅れを伴わないものである

（DSM-4 を参照）。なお，高機能自閉症やアスペルガー症候群は，広汎性発達障害（Pervasive Developmental Disorders…PDD と略称）に分類されるものである（DSM-4 を参照）。

また，日本精神科学会によれば，最近，自閉症スペクトラム障害という診断名ができた経緯については，スペクトラム障害とするのは，いくつかの自閉的症状を統合した診断名であるためとしています。[4]

5．障害のある乳幼児への支援
（インクルーシブ教育）

文部科学省の特別支援教育の在り方に関する特別委員会報告の「共生社会の形成に向けて」は，「共生社会」とは，これまで必ずしも十分に社会参加ができるような環境になかった障害者らが，積極的に参加・貢献していくことができる社会であり，それは，誰もが相互に人格と個性を尊重し支え合い，人々の多様なあり方を相互に認め合える全員参加型の社会である，としています。そして，「障害者の権利に関する条約」第24条に「インクルーシブ教育」とは，人間の多様性の尊重と障害者が精神的及び身体的な能力等を可能な最大限度まで発達させ，自由な社会に効果的に参加することと定義しています。また文部科学省は特別支援教育について以下のように述べています。[5] 第一に，「障害のある子どもが，その能力や可能性を最大限に伸ばし，自立し社会参加することができるよう，医療，保健，福祉，労働等との連携を強化し，社会全体の様々な機能を活用して，十分な教育が受けられるよう，障害のある子どもの教育の充実を図ることが重要である」としています。また，特別支援教育の基本的な考え方である子ども一人一人の教育的ニーズを把握し，適切な指導及び必要な支援を行うという方法を障害のある子どものみならず，障害があることが周囲から認識されていないものの学習上又は生活上に困難のある子どもにも適用して教育を行うことは，様々な形で積極的に社会に参加・貢献する人材を育成することにつながり，社会の潜在的能力を引き出す上で重要であるとしています。

第二に，「障害のある子どもが，地域社会の中で積極的に活動し，その一員として豊かに生きることができるよう，地域の同世代の子どもや人々の交流などを通して，地域での生活基盤を形成することが求められています。このため，可能な限り共に学ぶことができるよう配慮することが重要」だとしています。

そして，第三に，特別支援教育に関連して，「障害者理解を推進する

▷4　日本精神科学会編（2014）『DSM-5 精神疾患の診断・統計マニュアル』医学書院。

▷5　▷2と同じ。

ことにより，周囲の人々が，障害のある人や子どもと共に学び合い生きる中，公平性を確保しつつ社会の構成員としての基礎をつくっていくことが重要である。次代を担う子どもに対し，学校において，これを率先して進めていくことは，インクルーシブな社会の構築につながるもの」としており，社会の成熟度の指標の一つとしています。

　日本におけるインクルーシブ教育は，始まったばかりの取り組みであり，世界水準と比べると，その取り組みは，これからの時代の中で，保育・教育に携わるすべての人が，社会に発信し，国民全体で取り組む課題でもあります。乳幼児におけるインクルーシブの取り組みは，子ども自身の認知発達上，理解度が低く，「あの子，変」と指摘する子どもがよくいます。共生社会を形成していくことは，幼児のこの「変」という言葉や行動に対して，保育者や大人たちが適切な言葉でもって「変」を理解させ，ともに生活していくパートナーであることに気付かせていくことが大切です。つまり，「心のバリアフリー」を啓発していくことが重要です。

　障害児には一人一人に特性があり，学級の他の幼児と共生していくためには，その特性を把握し，集団の中でその子に配慮すべきこと（たとえば，着替えなど）や，指示行動に対して図版などを用意し可視化できるようにしたり，保育者が寄り添い具体的に行動で示して一緒に取り組んでみたり，クラスの中でその子のできることを協働するなど，周囲の子どもたちも，保育者とともに支援していけるよう心掛けることが大切です。

　特に成長に伴う変化などは，特別な支援の必要な幼児に対して園長らのリーダーシップの下，特別支援委員会を設置し，指導計画を策定し，定期的にカンファレンスを行うなど，支援体制を構築することが求められています。そして，定期的に保護者を交えて取り組みについて支援してきたことを伝え，保護者からの要望や改善点について話し合い，指導計画を見直していくように心がけていくことが重要です。

6．インクルーシブ保育の実態

　前述した通り，障害をもつ子どもたちが，障害のない子どもたちと一緒に，保育・教育を受けられる機会を早急に整備していくことが求められています。

　しかしながら，日本の保育者養成課程においては，この障害児教育に関する科目が諸外国と比較して極端に少なく，保育者自身の障害児に対

する保育療育的知識が不足していることから，受け入れがなかなか進まず，また，実際の保育や療育を含めた教育のあり方については，書籍や自治体等が開催する研修，養成課程が実施するリカレント教育などに参加することで，知識を得ていることが多く，解決していかなくてはならない課題が山積しています。現在，保育現場では，保育者と保護者が一体となって，臨床心理士などの支援を受けながら，取り組んでいるところです。また，統合保育への取り組みも前向きな姿勢が強く，一クラスの在籍人数が多い中で，保育者が努力しているのが現状です。実際は，障害をもつ子どもだけに関わっていくことは，なかなか難しく，幼稚園教育の基本とされる一人一人に応ずる保育という中で，障害をもつ子どもと障害をもたない子ども，そして近年増加している障害ではなく，内面に課題を抱えもつグレーゾーンの子どもを統合していく保育は，経験の浅い保育者には，厳しい面もあります。障害をもつ子どもが，インクルーシブ教育の精神の中で，保育・教育・療育を受けていくには，周囲の保護者の理解や，園で教職員が一体になって，温かく支援していくことが大切です。こうした組織的な取り組みは，園長のリーダーシップが重要で，コーディネーター，外部の専門家などのネットワークを構築し，迎え入れる準備が必要です。ぜひ，園内研修会などの機会に，統合保育のあり方や，インクルーシブ教育の実現に向けて話し合い，明るい未来に向けた建設的議論と療育に関する学び合いを重ねていくことが大切です。

　国際的にも，今，社会は，ダイバシティーの精神をもって，貧困・LGBT・人種・障害をもつ人へのよき理解者となって，すべての人が十分に教育を保障される社会に変わりつつあります。日本の教育においても，幼児期の保育者がファーストメッセンジャーとしてその役割を担い，啓発していくことが求められています。保育現場では，障害をもつ子どもたちにとって，生活しやすい環境の構成など，教材やバリアフリーなどの配慮が求められています。

演 習 課 題

①障害のある子どもと障害のない子どもが初めて出会う際の，障害のある子どもに配慮する指導計画を立ててみましょう。

②インクルーシブ保育を展開していくためには，障害のある子どもへの細やかな配慮が必要です。多動傾向のある子どもの安全な環境への配慮について考えてみましょう。

③障害のある子どもと障害のない子どもが，一緒に遊びや生活を共にしていくためには，生活記録は欠かすことのできない資料です。共に生活している場面を記録し，記録から課題を抽出してみましょう。

参考文献

日本精神科学会編（2014）『DSM-5　精神疾患の診断・統計マニュアル』医学書院。

第11章

家庭との連携

この章では，心身ともに健康な子どもを育てるために欠かせない家庭との連携について，その重要性を考えます。また，幼稚園や保育所などが家庭や地域とどのように連携していけばよいのかについて，事例を通して具体的に考えていきます。

1．家庭・地域の生活と健康

1 家庭・地域の生活は，健康にどう関わるのか

　健康というと，体の健康と基本的な生活習慣の形成が重要であると考えがちです。もちろん，それは間違いではありません。しかし，健康な体は健康な心の状態を基盤にして育つことも忘れてはなりません。健康な心は，園生活で保育者が心がけ育てることに加えて，子どもたちが一番多くの時間を過ごしている家庭で育まれる部分が多いことはいうまでもありません。

　また，園生活の中で，子どもが意欲的・主体的に身体を動かすことで様々な身体機能が向上していきますが，これも園生活だけで育まれるものではありません。子どもが思い切り体を動かす楽しさを知り，自ら進んで環境に関わり体を動かして遊ぶことは，園生活以外の場面でも欠かせないことです。そのためには，園生活における保育者同様に，家庭生活での保護者の温かなまなざしや励まし，そして子どもが十分に体を動かす機会をつくる保護者の働きかけが重要です。

　そうしたことに鑑みると，園と家庭とが密接な連絡を取り合いながら協力し，情報を共有してともに子育てに取り組んでいくことが大切だということが改めて理解されることでしょう。

　また，子どもは，直接体験を通して様々な力を身に付けていきます。園での遊びでは，家族と一緒に行った買い物での経験や，連れて行ってもらった遊園地や旅行などのお出かけの経験を楽しそうに保育者に話をしたり，ごっことして再現されたりする場面がしばしばみられます。家庭や地域での経験は，日常の限られた空間・限られた人やものとの生活を超えて，子どもの心を動かす出来事が盛りだくさんある貴重な体験です。子どもは，そこで見聞きし心を動かされたことを自分で再現してみたくなり，遊びを始めます。豊かな経験が豊かな遊びの源泉となり，子

どもの主体的な動きである遊びを引き出し発展させることにつながっていきます。これが，心身ともに健康に育つことの原型といえるでしょう。

　子どもの心身の健康を育てるために，いかに子どもの心を動かす経験を重ねていくか。そこでは，家族や地域の人たちといった大人の存在が重要な環境であることはいうまでもありません。

2　健康な生活を阻害する要因

　心身の健康を育むために必要なことを考えるためには，どのようなときにそれが阻害されるのかを考えてみると，逆に求められる要件は何かがみえてくるでしょう。

①心の安定を阻害する要因

　子どもが安心して過ごせる環境とは，生きるために必要なもの（物質）や場があるだけでは十分ではなく，自分を大切に思い，愛してくれる人の存在も重要な要素です。乳幼児期の養護に欠かせない情緒の安定がこれです。たとえば，全く言葉をかけられず優しく触れることもされずにミルクだけを与えられても，子どもは十分な発育をすることができません。人の声がするから同じだろうとビデオなどでお守りをされたのでは，子どもは言葉が身に付かないばかりでなく，情緒不安定になってしまうことさえもあることが報告されています。▷1　保育をする際に欠かせない，子どもと保育者・保護者との愛着関係の構築ができていないことは，健康な生活を阻害する大きな要因に挙げられます。また，子どもを取り巻く大人たちの人間関係が不平・不満ばかりの暗いものであることも，子どもの心の安定を阻害する要因になるでしょう。

　しかしながら，子どものかたわらに子どもが愛着をもてる存在がいればそれで安心，というわけではありません。どのような関わり方をするのかが子どもの育ちに大きな影響を与えることは想像に難くないでしょう。子どもが自分の興味・関心に基づいて，好きなことを，好きな場所で，好きな人と，好きなものを使って，好きなだけできる，いわゆる自由感のある遊びや生活の経験は，子どもの成長には欠かせないものです。保育者や保護者によって決められたことを，決められたやり方でしかできないのでは，伸び伸びとした自己発揮は望めません。子どもが自発的・主体的に取り組めるための環境として，もの・場・時間とともに取り組みの多様性を保障することが必要であり，ここで周囲の大人の関わり方が問われます。もし，常に大人の思惑通りに子どもを動かそうとするならば，子どもの生き生きとした心の動きを封じ込めてしまい，心身の健康な状態は望めなくなってしまいます。

▷1　乳幼児期に甘えや愛情の欲求が十分に満たされる応答的な環境がないと，次第に感情，情緒の表現を抑えるようになり，無関心，無感動，無表情になっていくことや，語彙数や言語表現，コミュニケーション能力などの発達もかなりの遅れを呈するようになってくることが，1950年代にジョン・ボウルビィ（Bowlby, J., 1907-1990，イギリスの医学者・児童精神医学者）の研究などによって紹介されている。

②健康な生活習慣の形成を阻害する要因

　家族揃って夜型生活であるため子どもも就寝する時刻が日常的に遅い家庭や，朝食をとらない家庭が多くなっていることについては，近年ますますその傾向が強くなってきています。多くの場合，保護者が仕事等の関係で就寝・起床の時刻が遅かったり，家族で食卓に集まって食事をする習慣がなく個々に食事をすること（孤食）が当たり前になっていたりするようです。つまり，子どもは保護者の生活習慣の乱れの影響を受けて，成長期にある子どもとしての望ましい生活習慣が身に付かないままになってしまうのです。このような生活状態に置かれていると，子どもも次第にこの生活サイクルに慣れてきて，病気になることもなく過ごせているため，短期的には特に問題はないように思われます。しかし，園にいる時間帯に眠そうにしていたり，疲れやすかったり，特に朝の時間の活動量が低かったり機嫌が悪かったりする様子が頻繁にみられ，子どもが生き生きと充実した生活を送る上では障害になっている様子が保育者から多く報告され，改善すべき課題に挙げられています。

　食生活の乱れについても，何を食べるかは個人の自由であり偏食しているからといって不健康だと決めつけることは間違っているという論が聞かれます。もちろん，食の好みは様々であることは認めた上で，パターン化した食事内容で口にしたことのない食材が多かったり，出来合いのものをレンジで温めて食べることばかりしていたりすると，肥満を誘発したり，内臓疾患の誘因になったりすることもあります。また，そもそも様々な食材を多彩な調理法で食するという豊かな食文化を，子どもが経験することができません。

　一方で，農薬や放射能などの汚染に敏感になり，無農薬の食材や天然素材の調味料で調理するという家庭も増えてきています。それ自体は大変よいことであると思いますが，保護者の思いが強すぎると，「子どもに一切の甘味を与えないでください」と園に申し入れ，みんなで一緒にスイートポテトをつくって食べようというときにその子どもは参加できない，などという状況になってしまうこともあります。自然素材のものを与えたいという考えは尊重しながらも，保護者の意向で規定に合わないものはすべてを排除するという極端な方針によって子どもの活動を阻害することにならないように注意することも必要です。

　また，食については，アレルギーの問題は無視できないことです。卵・乳製品・小麦・油・大豆・果物等，様々なアレルゲンに過剰反応してしまう子どもが多くなってきています。園ではまず，アレルギーのある子どもについて保護者から詳細に情報を収集することが必要です。そ

して，園生活の中で，子どもがうっかりこうした食材を口にすることがないように厳重な警戒をします。万一にも間違いが起こらないように，保育者・調理師・看護師らが協力していく体制を組むことが重要です。子どもがほしがるからとか，みんなと一緒に食べさせたいから，といった理由で「少しだけなら大丈夫だろう」と素人判断してしまうことは，該当する子どもを命の危険にさらすことにつながります。保育者は，家庭から聞き取っている情報や医師の判断に従い，個人的・情緒的な判断をしないようにしなければなりません。

③子どもを取り巻く人間関係を阻害する要因

　都市部や近年開発が進む地域では，高層マンションの建設により，幼い子どもがいる家庭が続々と集まってきて新しい街づくりが進められている状況です。こうした経緯で各地から集まってきた家庭は，地縁集団・地域とのつながりがなく，普段から行き来する親戚や知り合いもない中で，親子だけでマンションの中で過ごしていることが多い，いわゆる核家族であることが多く見受けられます。マンション外に出て近所の子どもたちと一緒に遊ぶ機会を設けようとしても，地域に小さな子どもが安全に遊べる公園などの施設が少なかったり，高層マンションからエレベーターを利用して昇降したりするため，外に出る機会が親の都合に左右され限られてしまうことが多いようです。その結果，子どもが親以外の大人や兄弟姉妹以外の年齢の近い子どもと出会う機会が限られ，人間関係が閉塞状態にある場合が少なくありません。

　限られた人と濃密な関係を築くことのよさもありますが，様々な人と出会い，様々な行動様式や価値観に出会うことで，子どもは自分以外の人についてよく知ることができ，多様性を自然に受け入れられるようになります。幼少期に人間関係の広がりがみられない環境で育つと，人にうまく自分の気持ちや考えを伝えることができなかったり，人の気持ちや考えを受け止めることができにくかったりして，その後の心の安定に不安が生じるようになってしまうこともあります。

　こうした例から鑑みると，子どもが成長する過程でどのような住環境で育つか，どのような地域で育つかは，その子どもの発達に大きな影響を及ぼす要因であることがわかります。

④子どもの体を動かす遊びを阻害する要因

　最近，保育所や幼稚園を建設しようとすると，建設予定地の近隣住民から「子どもの声がうるさい」「登降園の際の保護者のマナーが悪いため迷惑」「子どもが運動すると，騒音だけでなく振動も起きるから困る」などの理由で反対される例が全国で報じられています。子どもたちが元

気に伸び伸びと遊ぶ様子を見かけることに対しては文句は言いませんが，それが自分の生活圏内で行われることについては受け入れ難いということのようです。

　特に指摘されることは，子どもの声がうるさいという点です。本当に子どもの声はうるさいのか，騒音になっているのだろうか，という点については筆者自身も課題意識をもち，保育室で子どもの声を録音し，その周波数を解析してみました。その結果，子どもの声には人間の耳には聞こえない超高周波が含まれていることがわかりました。この超高周波を浴びると，うるさくて迷惑になるどころか，心身の健康状態がよくなるという研究成果も報告されていますので，必ずしも近隣住民にとって迷惑にしかならないというわけではないのです。しかしながら，子どもはうるさい，騒がれると迷惑だ，暴れるとドンドンという振動が響いて困る，という面が強調されて広がっており，子どもが伸び伸びと声を出したり，跳んだり，走ったりできる場所や時間が限られてしまう事例が多くみられます。

　歓声をあげたりうれしくて飛び跳ねたりすることは，子どもにとって気持ちの動きに伴って無意識のうちに発露することです。そうした心の動きを伸び伸びと表現することは，子どもの成長に欠かせない重要なことであり，育てたい姿にも示されています。しかし，一方で，近隣住民への配慮をしないと園が地域に受け入れてもらえないという点も無視できないことです。保育者も保護者も，頭を悩ませる課題です。

▷2　松本純子（2015）「子どもたちが創る音環境の情報構造に関する研究」放送大学大学院修士論文。

2．親の子どもへの影響

1 　過保護・過干渉の親が子どもに与える影響

　子どもは，乳児期には保護者や保育者に依存して成長します。その後，発達に伴って徐々に依存から自立へと向かいますが，幼児期になっても周囲の大人の影響を大きく受けて育つことに変わりはありません。

　そこで，親の子どもへの影響がどのような場面でみられるのか，保育者は子どもだけでなく保護者に対してもどのような配慮や指導をしていけばよいのかを，事例を通して考えていきましょう。

〈事例　ママの影響〉
　登園時，3歳児A児の母親は「おはようございます」と担任と挨拶を交わすやいなや，「Aちゃん，靴脱いで」「ほら，脱いだ靴はしまって」「上履きは？」「かかとを踏まないでっていつも言ってるでしょ」「なんでおもちゃで遊んでいるの。遊んでいてはダメ。おもちゃはそこに置いて，カバンを掛け

てくるのが先でしょ」「ママは帰るからね，いい?」「けんかしちゃだめよ。お友達と仲良くね」……と下駄箱のところに付ききりで，次々にA児に話しかけます。A児は，時々母親の顔を見ますが，そっぽを向いていることもあり，「わかった?　返事は?」「ママの方を向いて!」と母親から叱られることもたびたびです。A児は，母親が帰った後は友達と遊び始めますが，困ったことがあると「ママは?」「ママはどこ?」「ママを呼んできて!」と泣き叫び，なかなか気持ちが立て直せません。

　A児の母親は，A児のことが心配でならない様子ですが，A児が何ができて何がうまくできないかなど，具体的な育ちの様子を見取ってはいないと思われます。また，A児の気持ちを推察することも少ない様子がみられます。そのため，母親の指示がA児の実態や気持ちに合ったものではなく，A児の必要感にマッチしていないため，A児も聞く耳をもたなくなってきているようです。

　自分から動き出す前にあれこれ指示されることが日常的に行われていると，子どもは指示を待ち自分から動き出さなくなるばかりでなく，自分で判断しようとする働きも止めてしまいます。また，言われてやることには充実感をもちにくく，主体的な経験を重ねて充実感を味わわせたい幼児期の育ちにそぐわない対応になることがよくみられます。

　過干渉の保護者の多くは，子どもの力を信じて任せることに臆病になっていたり，実力以上に「できるはずだ」と思い込んで強要してしまったりすることもみられます。子どもは，期待されることはうれしいのですが，常に過大な期待をされていると期待に添うことがかなわない自分にがっかりする機会が増え，無力感をもたせてしまうこともあるため，注意が必要です。

　このような場合，保護者は子どもにどのように接したらよいのか，何を言い，何を見守ったらよいのかがわからない場合が多いようです。そこで，保育者は，「Aちゃん，自分でできるようになってきたのよね。Aちゃんが上手にできるところをママに見てもらおうか」などと声かけをして，保護者に口をはさまずに見てもらうように促します。そして保育者もできるだけ口をはさまずに「Aちゃん，自分でできるね。上手ね」などと，A児を励ましながら，できたことを一つずつ認めていきます。その後，保護者に「Aちゃんは自分でできることが多くなってきているし，時間はかかるけれど自分でしようとしています。お母さんも声をかけるのを少し待って，Aちゃんが自分でする様子を見守ってあげるとよいと思います」と助言します。具体的な場面で，どの程度待ったらよいのか，どのような言葉かけをしたらよいのかを保護者の前でしてみ

せて，保護者がわかるように伝えることが大切です。

　また，子どもにとっても，「先生が見ていてくれる」「お母さんが見ていてくれる」という安心感がもてるよう，自分でできるまで大人は見守ってくれることを伝えるのが重要です。それがわかると，時間がかかっても，また時には失敗しても自分でしようとする姿勢が育ってきます。

　生活習慣の自立に向けては，大人から見ると「ただボーッとしている」「どんどん動かない」と，無駄にも感じられるような時間が，子どもにとっては自分でやることを考えたり，どうしたらよいのかを試したりする意味のある時間であったりします。何事も早くできればよいのではなく，その子どものペースで無理なくできることが大切であると保護者に伝えていきたいものです。

2　運動嫌いな親が子どもに与える影響

〈事例　運動嫌いな5歳児〉
　5歳児B児は食事の好き嫌いが多く，園での食事はあまり進まないのですが，家ではポテトチップスをおやつにして，ときには1袋を一人で食べてしまうということです。戸外での運動遊びには参加したがらず「やらない」「後で」と言い，やっと取り組んでも，すぐに「疲れた」「僕には無理」と言って止めてしまう様子がみられました。母親にそれを伝えると「私もお父さんも運動は苦手で，遺伝なので仕方ないです」と言っていましたが，年長になると「学校に行ってから運動が苦手だと友達に笑われてかわいそうなので，プール教室に行かせることにしました」と言います。
　しばらく後に，相変わらず園では運動遊びに参加したがらないB児に「プールは楽しい？」と聞くと，「う～ん，嫌だけど，行かないとダメだから」と顔を曇らせ，「顔を水につけられるようになった？」「ううん」「水の中でバシャバシャするのは気持ちいいでしょ」「疲れるだけ」とプール教室での様子を少しずつ話し始めました。「外で先生と一緒に走ろうよ。気持ちいいよ」と誘ってみましたが「無理」と言い，絵本コーナーに行ってしまいました。

　B児の家庭には日常的に運動をする環境が少なく，これまで，体を動かす楽しさを味わう経験が少なかったことが本人の運動嫌いにつながっていると思われます。B児の母親が運動をさせようという気持ちになったことは一歩前進していると考えられますが，B児本人のやる気を無視して進めているので，思うような成果が上がらないようです。

　体を動かす遊び，運動は，日常的に体を動かす環境があること，体を

動かして気持ちよいと感じられること，それを認めたり共感したりしてくれる人がいること，身近によいモデルがあることで，経験したことが身に付いていきます。しかし，何よりも本人のやる気を醸成することが重要です。

このような親子には，まず，保護者に日常的に体を動かすことの具体的な例を示してあげるとよいでしょう。たとえば，自転車に子どもを乗せて送迎しているとしたら，時間がかかって大変かもしれませんが，親子で手をつないで歩いて登降園するように切り替えることを提案してみるとよいでしょう。登降園の限られた時間であっても，親子で一緒に体を動かしていること，そして毎日続けて行うことで，体を動かすことが苦ではなくなる例が多くみられます。また，親子での徒歩通園は，運動面だけでなく，行き帰りの時間に，園であったことを話したり聞いたりする大切な時間にもなり，親子の会話が広がるきっかけにもなります。子どもは保護者が自分だけの話を聞いてくれたり，自分のために送り迎えをしてくれたりすることが何よりもうれしいのです。

登降園の時間が難しいならば，買い物に行くときやマンションでの移動の際に，１階分は階段を使って上り下りするとか，荷物を子どもに持たせて運ばせるなど，工夫次第で親子で体を動かす機会は様々な場面においてつくることができます。

体を動かすというと，スポーツセンターなどに通って運動をするという考えに偏りがちな保護者には，上記のように，毎日の生活の中で，無理なく少しずつできることを勧めてみるとよいでしょう。

また，お菓子の食べすぎで食事が進まないという状況は子どもにとって決してよいものではありません。時間を決めてきちんと食事をとることは，食事の内容や栄養面への配慮と同じくらい重要なことです。

3．家庭との連携の重要性

1 ▶ 子育ては保護者との連携作業

教育基本法に，子育ての第一義的な責任は保護者にあると規程されており，保護者が自分の子どもを責任をもって育てていくことが求められています。

一方，保育者は，保育の専門知識や技能・経験をもつ者として，保護者に子育てに関する的確なアドバイスをし，保護者自身が子育てを楽しいと感じられるように支えていくことが仕事です。

両者の関係は，責任の押し付け合いではなく，それぞれの得意なこと

を活かし合い，苦手なことを補完し合って，よりよい子どもの育ちを導こうとするものです。また，両者が連携しないと，子どもにとってよい育ちの環境づくりはできません。

2 子どもにとっての連続性

　子どもの生活は，家庭での時間と園での時間があります。保護者や保育者にとってはそのどちらかの時間帯しか子どもと接していないのですが，子どもにとってはこの両方の時間は連続したものであり，場所は違っていても，家庭では家庭の顔，園では園の顔と都合よく切り離せるものではありません。

　これは保育の中で日常的にみられることからもよくわかります。たとえば，園で子どもたちがしているままごとを見ていると，母親の動きや口調をそっくりに真似をしたり，買い物の様子が目に浮かぶように再現されたりします。園で遊ぶために子どもたちが意図的に真似ているのではなく，家庭生活で経験したことの中で子どもたちが興味・関心をもって見聞きしたことを，自分の力で身の回りにあるものや場を活用して再現し，その過程自体が楽しい遊びになっているのです。

3 長期的な見通しに立った連携

　家庭との連携を円滑に行うためには，相互理解が重要です。保護者も様々な事情を抱えながら一生懸命に子育てに取り組んでいます。しかし，ときにはゆとりがなくなり，子育てを投げ出したい気持になったり，なかなか思い通りにいかないことに腹立たしい気持ちを抑えられないこともあり，保育者は「親なのに，どうして協力してくれないのだろう」と不満をもつこともあります。こうした場合，面談などの機会を設けてじっくり話し合ったり，連絡帳の記載内容を熟読して保護者の状況を推察したりしながら，一言では説明できない思いや事情をくみ取ることが必要であり，時間をかけた丁寧なやり取りを通して互いの気持ちや考え方・子育て観を知り合い，尊重し合うことが大切です。

　また，保護者は，一生懸命に子育てに向き合っているからこそ，今の子どもの様子に一喜一憂してしまうことが多いのでしょう。しかし，子どもの育ちは，短期間に成果がみえることもありますが，即座に結果に現れないこともあります。こうしたときにこそ，保育者は，保育の専門家として，多くの子どもの育ちに立ち会ってきている立場から，今後の育ちの見通しを伝え，保護者を安心させることが必要です。「今すぐに結果を求めるのではなく，少し時間をかけてじっくり変化をみていきま

しょう」という言葉は，保育の専門家だからこそ説得力のあるものになります。

　子育ては，子どもの長い人生の始まりの重要な教育であり，その後の生き方に大きな影響を与える可能性が高いものですから，保育者・保護者ともに幼児期の子どもの状態だけでなく，どのような大人になってほしいのか，将来の見通しをきちんともつことが必要であり，それだからこそ子どもの自立にとって必要なことを幼児期にきちんと伝えることが重要です。このように，長期的な視点をもつことは，保育者と保護者とが互いに協力していく上で非常に大切なことです。

4．子育て支援・親子の触れ合いを通して

▶1　親子の触れ合いで育まれるもの

　アタッチメント▷3の重要性はいうまでもなく，乳幼児期に直接体に触れることや言葉をかけること，心を通わすこと，すなわち触れ合いは子どもの成長に欠かせないものです。親子の触れ合いを通して，子どもは保護者から自分が大切にされている，愛されているということを感じ取り，安心して過ごせるようになります。保護者にとっても同様に，子どもとの触れ合いを通して，子どもがかけがえのない大切な存在であることを確認し，子ども独特の弾力のある柔らかな触り心地やまっすぐなまなざしによって気持ちを癒やされたり，活力を与えられることも少なくありません。

▶2　親子の触れ合いの事例

①触れ合い運動

　親子二人組で運動をします。運動といっても特別な規定やワークがあるわけではありません。親子での触れ合い遊びと考えればよいでしょう。乳児であれば，抱き上げたり，さすったり，くすぐったりという程度でも十分でしょう。幼児になったら，おんぶやだっこ，保護者の背中に乗せて動く（お馬遊び），高い高いなど，よく行われている親子での遊びがそれにあたります。また，4・5歳児になったら，図11-1のような親子それぞれに動きがあり，筋力や持久力，調整力を必要とするものを取り入れていくと，「少し難しいけれども親子で協力するとうまくいく」という運動になります。運動面の技能を育てることもねらいですが，それ以上に親子で触れ合う楽しさを感じることに主眼をおいて，保育者は楽しい企画を保護者に提示したいものです。

▷3　アタッチメント（愛着行動）
イギリスの精神科医ボウルビィが提唱した概念で，特定の人物に対して抱く心理的・情緒的な絆のこと。乳幼児期に形成された愛着関係がその後の人間関係の基盤になると説いている。

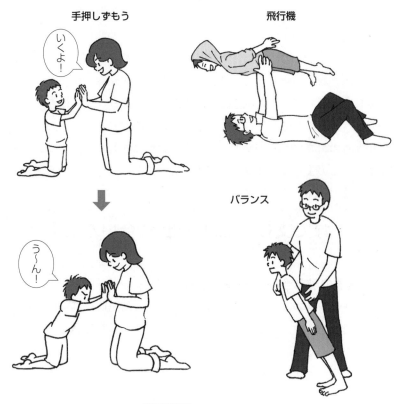

手押しずもう

いくよ！

飛行機

う～ん！

バランス

図 11-1　親子遊びの例

出典：『月刊クーヨン』2019年10月号，クレヨンハウスから図示。

②親子でのゲーム

　園外保育で実施する例として親子オリエンテーリングを紹介します。

○親子に「オリエンテーリングカード」を1枚配ります。そこには，これから行う種目が書いてあります。

○初めに，「実のなる木を見つけましょう」「赤い印にタッチしましょう」など，わかりやすく誰でもすぐにできそうな種目を設定します。

○「ジグザグ走り　10数える間に走りましょう」と，保護者が数えている間に子どもが関門（アルペンスキーの旗門をイメージし，旗を立てたり，木に布を巻くなどしてジグザグコースを準備する）を走り抜ける種目を設定し，子どもの様子をみながら保護者が数を数えたり，時間短縮をして勢いよく走り抜けるようにするなど，自分の子どもの様子をよく観察し，それに合わせてリズムをつくってあげることを目指します。初めは子どもの状態に合わせることが難しい保護者もみられますが，回数を重ねるうちに徐々に親子のリズムが合うようになってきます。これは，保護者が他の子どもとの比較ではなく自分の子どもに注目してみることができるようになってきた証でもあ

ります。

○「デカパンをはいて，20ｍ大疾走」など，最後は親子で力を合わせ
　て行う種目をいくつか準備します。子どもの状態・運動能力をよく
　観察してきた保護者がどこまでわが子に合わせて動けるか，子ども
　は保護者と一緒にやる楽しさを感じながらどこまで力を発揮できる
　かを目標に行います。

3 　子育て支援の必要性

　心身ともに健康な子どもを育てたいという願いは，おそらくほとんど
の保護者がもっているものでしょう。しかし，思いはあってもどうした
らよいかわからない，自分の子どもの実態を把握できない，こうあるべ
きだという思い込みが強く子どもに強要しがちである，逆に子どもが何
をしているのかに関心が薄い，年齢相応の育ちがどのようなものかがわ
からず赤ちゃん扱いしたり無理な要求をしたりする，体を動かして遊ば
せたいけれども家ではできない，戸外の安全な遊び場を知らないなど，
保護者が直面する問題は多様です。

　保育者は，保護者がどのような点に「困り感」を感じているのかをま
ず探し出し，それを少しでも解消するために具体的な策をアドバイスす
ることが求められます。

○保護者の話をよく聞き，困り感がどこにあるのかを把握しましょう。
○その保護者が今日からでもすぐに実践できそうなことを一緒に考え
　ましょう。
○ときには，子どもの実態について，特によい点や成長がみられる点
　について保護者に伝え，肯定的な視点で子どもを理解するように促
　しましょう。
○保護者の自己選択を尊重し，保育者側から強要しないように配慮し
　ましょう。

　以上のことに気を付けて対応しましょう。

4 　子育て支援の事例

①遊び場情報壁新聞

　園の玄関ホールや保育室の前などに，園の近隣の公園・広場・子ども
が使える施設などの遊び場情報壁新聞を貼り出します（写真11-1，
11-2）。

○公園の遊具の写真，その遊具の安全な使い方（特に保護者が見守る際
　に気を付けたい点など），遊具を使って遊んだ親子の感想など，公園

写真11-1　遊び場紹介掲示の全貌

出典：荒川区立南千住第三幼稚園から提供。

写真11-2　公園の遊具紹介

出典：写真11-1と同じ。

でどのように遊んだらよいのかを示しながら伝える内容にします。

○子どもが使える施設の紹介では，たとえば図書館の司書から子ども
　に今読んであげたい本・お勧めの絵本の紹介をしてもらい，司書の
　署名付きの記事にするなど，そこに行けばこの人に会えるという地
　域との橋渡しを意識した内容にするとよいでしょう。

②子どものしていることに挑戦

　保護者会・学級懇談会などは，保育者からの話だけでは場が盛り上が
らなかったり，保護者が受け身になったりしがちです。このようなとき

に，「最近，子どもたちが取り組んでいる遊びをやってみましょう」という時間を設けると保護者参加型になり，保護者の意欲が高まります。

　たとえば，縄跳びに挑戦していますという内容では，保護者に跳んでもらうこともよい試みですが，「初めて縄を手にする子どもにはこんな方法で教えて，まずは縄と仲良しになるようにしています」と伝え，縄を片手に持って回す→もう片方の手で回す→両手に持って回す→回した縄をピョンと跳び越えるかまたぐ（1回）→両足を揃えて飛び越す→1回，1回，1回の積み重ねから，1回・2回と続けて飛び越す，と段階を踏まえて指導し，スモールステップごとに「できたね！」と子どもを認めていく方法で跳べるように支援していくことを伝えます。これによって，どのように教えたらよいかわからない保護者に具体的に教え方を伝えることができるとともに，簡単なことを積み上げていく方法で誰でもができるようになること（スモールステップ・ティーチング）を伝えることができます。

5 ▶ 円滑な支援のために

　保護者への支援は先に述べたような様々な方法を工夫して行う必要があります。

　実施する際に大切なことは，保護者に対して一方的に教えるような言い方をしないことです。特に，「おかあさん，それではダメよ」と保護者を否定するような言い方は慎みましょう。保護者が，子どものよい点を認めながら，今後何を修正していけばよりよくなるのかに自分で気付き，「やれるかもしれない」「やってみよう」と思えるようにすることが一番大切なことです。保護者の取り組みにおいても，子どもの保育と同様に，保育者に言われたからするのではなく，主体的な取り組みにすることが重要であり，長続きする秘訣でもあります。

　こうした関係を築くためには，保育者と保護者の信頼関係が基盤になることはもちろんですが，保育者が保護者の気持ちを受け止めながら，今後の子どもの育ちについての見通しを伝え，今何が必要なのかをわかりやすく伝える努力をしていくことも求められます。そして，「こうしてみましょう」「こうしてみます」と保護者が取り組んでいる様子を見届け，必要に応じて励ましたり成果を言葉にして共有したりするフォローも重要になります。

演習課題

①本書146頁のＡ児の担任として，あなたならＡ児とその母親にどのように対応しますか。グループで話し合ってみましょう。

②健康な生活習慣を形成するために何が大切だと考えますか。保育者役・保護者役を分担して，保護者に説明する設定で話してみましょう。

③保護者から「うちの子は運動が苦手で，園での鬼ごっこが嫌だと言っている」と相談を受けました。保育者として，あなたはどのように対応しますか。考えてみましょう。

参考文献

『月刊クーヨン』2019年10月，クレヨンハウス社。

松本純子（2015）「子どもたちが創る音環境の情報構造に関する研究」放送大学大学院修士論文。

第**12**章

領域「健康」と小学校教育とのつながり

ここでは，幼児期を通して育まれた力を小学校でどう活かしているのか，幼児教育から小学校教育への見通しや小学校教育との接続について学びます。特に，領域「健康」の内容と関連の深い小学校「体育」とのつながりについて一緒に考えましょう。

1．小学校「体育」の理解

1　小学校「体育」の運動領域

　まず，幼児期の「運動遊び」と小学校「体育」とのつながりについてみてみましょう。表12-1は2017年告示の小学校学習指導要領体育の運動領域全体を示したものです。

表12-1　小学校「体育」の運動領域（学習指導要領の内容及び取り扱い）

＊「基本の運動」（1980年〜）→「体つくり運動」（1999年）
→体つくりの運動遊び（2017年）

年	1・2年（低）	3・4年（中）	5・6年（高）
領域	体つくりの運動遊び	体つくり運動	
	器械・器具を使っての運動遊び	器械運動	
	走・跳の運動遊び	走・跳の運動	陸上運動
	水遊び	水泳運動	
	ゲーム	ゲーム	ボール運動
	表現リズム遊び	表現運動	
	保　健		

注．下線部筆者。

2　幼稚園教育要領「健康」の「ねらい」

　一方，2017年告示の「幼稚園教育要領」の「第2章　ねらい及び内容」の領域「健康」の「ねらい」として次の3点が示されています（以下，下線部は筆者）。

(1)　明るく伸び伸びと行動し，充実感を味わう。

(2)　自分の体を十分に動かし，進んで運動しようとする。

(3)　健康，安全な生活に必要な習慣や態度を身に付け，見通しをもって行動する。

　そして，健康の「内容」として，

(1)　先生や友達と触れ合い，安定感をもって行動する。

(2)　いろいろな遊びの中で十分に体を動かす。

(3)　進んで戸外で遊ぶ。（以下(4)～(10)略）

　さらに，2017年告示の小学校学習指導要領体育をみると，「第1　目標」として次の3点が示されています。

> (1)　その特性に応じた各種の運動の行い方及び身近な生活における健康・安全について理解するとともに，<u>基本的な動きや技能を身に付ける</u>ようにする。
>
> (2)　運動や健康についての自己の課題を見付け，その解決に向けて思考し判断するとともに，他者に伝える力を養う。
>
> (3)　運動に親しむとともに健康の保持増進と体力の向上を目指し，楽しく明るい生活を営む態度を養う。

　その違いは，幼稚園では「<u>遊びの中で十分に体を動かす</u>」ことに対し，小学校では「<u>基本的な動きや技能を身に付ける</u>」という内容の違いがあり，幼児教育では「運動」ではなく，すべて「遊び」であることに注視すべきです。

3　幼・小の段差が年々低くなっている

　しかし，1999（平成11）年改訂の小学校学習指導要領体育から低学年である1・2年生の「基本の運動」の内容として「走・跳の<u>運動遊び</u>」や「器械・器具を使っての<u>運動遊び</u>」「用具を操作する<u>運動遊び</u>」「<u>水遊び</u>」「<u>表現リズム遊び</u>」となっています。1999年告示の小学校学習指導要領では，低・中学年では「基本の運動」から「体つくり運動」と領域名が変更され，「多様な動きをつくる運動（遊び）」が新たに規定されました。

　このうち低学年では「体のバランスをとる<u>運動遊び</u>」「体を移動する<u>運動遊び</u>」「用具を操作する<u>運動遊び</u>」「力試しの<u>運動遊び</u>」の4つの<u>運動遊び</u>で構成され，様々な体の基本的な動きを培うための運動が示されるようになりました。

　幼稚園教育の基本は「遊びを通しての指導」が中心であり，運動活動においても例外ではなく遊びとしての運動，すなわち「運動遊び」です。

　また，小学校低学年の運動領域は「体つくりの<u>運動遊び</u>」の他，「器械・器具を使っての<u>運動遊び</u>」「走・跳の<u>運動遊び</u>」「<u>水遊び</u>」「ゲーム」「<u>表現リズム遊び</u>」の5つの領域で構成され，いずれも中学年以上とは異なり領域名は「<u>運動遊び</u>」なのです。

　小学校「体育」は幼稚園とは異なる目標をもつ教科であることから，同じ運動遊びという呼称であっても幼小では指導内容や指導方法に違いはあるものの，幼稚園で行う運動遊びと小学校体育は乖離したものではなく，運動発達の特徴をみても少なくとも様々な動き（多様な動き）を培う点においては共通性があるといえます。

　さらに，2008（平成20）年幼稚園教育要領改訂の基本的な方針の一つには「発達や学びの連続性」が挙げられ，小学校以降の子どもの発達を見通した上で，幼児期には学校教育全体の生活や学習の基盤を培うことの重要性が述べられています。

　また，2017（平成29）年告示の小学校学習指導要領体育の「第3　指導計画の作成と内容の取扱い」においても1(5)にあるように，低学年における他教科等や幼稚園教育との関連については，特に小学校入学当初における教育課程編成上の工夫をすることで，幼児教育との円滑な接続を図ることと挙げられています。

　小学校1年生の児童が，幼児教育から小学校教育へと指導が一変する段差を乗り越えられないために起こる不適応問題として，1998（平成10）年頃に神戸親和女子大学新保真紀子教授が「小1プロブレム」問題を提起しました。それは，小学校入学直後，「遊び」から「学び」に生活の中心が変わり，精神的な幼さから小学校での集団行動がとれず，その混乱を解消できないまま，教師の話を聞かない，指示に従わない，一定時間を静かに過ごすことができない状態に陥り，授業中勝手に歩き回る，教室から出て行ってしまうなどの行動がみられるという，学校生活になじめない状態が続き，こうした不適応状態が継続することでクラス全体の授業が成立しない状況に陥ることです。

　その後，問題が多くの教育現場で顕在化することになり，児童が小学校になじめない原因としては，児童にストレス耐性や基本的な生活習慣が身に付いていなかったことや家庭の教育力の低下，担任の指導が適切でなかったことなどが挙げられました。

　しかし，2010（平成22）年頃からは，幼稚園や保育所と小学校との幼小連携を図るプログラムが全国で導入されるとともに，2018（平成30）年改訂の『幼稚園教育要領解説』では第1章第2節として「幼稚園教育において育みたい資質・能力及び『幼児期の終わりまでに育ってほしい姿』」として「小学校以降の子供の発達を見通しながら教育活動を展開し，幼稚園教育において育みたい資質・能力を育むことが大切である」と述べられ，小学校入学前の幼稚園や保育所などの園児を対象に，遊びを通しての学びの芽生えから小学校での自覚的な学びへとスムーズに移

行できるよう取り組みがなされています。

　一方，小学校低学年の指導においても，幼稚園や保育所などとの連携を積極的に図る取り組みがなされ，幼小の段差が年々低くなっているものと思われます。

2．幼児期から低学年までの発達特性

○幼児の発達特性と適時性を考慮した運動会種目

　すでに第9章で運動会については，そのねらいと指導の留意点が述べられていますが，幼稚園や保育所の運動会ほど，見ていて微笑ましく，楽しいものはありません。

　観客である大人は，わが子やわが孫がようやく人間として歩く・走る・跳ぶといったひととおりの運動機能が整うまでに成長し，他の幼児とともに，真剣に走ったり踊ったりする姿を見て思わず微笑み，大声で応援したくなるのでしょう。教育が次代に生きる人間を教え育てるという，次代を創造する人間としての最も基本的な営みだとすれば，次走者であるわが子がようやく人間として走れるようになり，バトンを渡せるまでに成長したことに無上の喜びを感じるからかもしれません。

　田舎で育った筆者は，早生柿がようやく甘くなる頃に催される秋の運動会は，村をあげての楽しいお祭り的行事でした。村の少年団・青年団・婦人会が総出で競い合った地域対抗のリレーなど血湧き肉躍るものでした。その行事を通じ，村人の連帯感がさらに強くなり，地域の教育力が高まって，村の子どもとしてみんなで子育てをしてくれたのだという感謝とともに思い出されるのです。そのような意味でも，幼稚園や保育所の運動会は，かつての運動会のよさを多分に残している貴重な行事としてこれからも大切にしていきたいものです。

　そこで，幼児の発達特性と適時性を考慮した運動会種目について，小学校低学年の体育と関連付けながら，いくつかの事例を挙げてその問題点や課題について述べます。

①かけっこ

　運動会の定番種目はなんといっても「かけっこ」です。小学校では「徒競走」「短距離走」「20m走」などとも呼ばれます。両足が同時に地面から離れる瞬間がある「走る」という人間の運動機能を競う種目は，単純な競争的運動特性をもつものですが，では幼児はラインを引いてあげれば「直線」に走れるのでしょうか。最初の本当の走りができるのは2〜3歳で，スピードが増した成熟した走りができるのは5歳です。

写真 12-1　運動会で年少3歳児の「かけっこ」

　　直線走路に幅1m のコース
を設け，3〜4歳児を走らせて
みると，写真 12-1のように，
ほとんどの幼児は左右に蛇行し，
なかなかコース内を真っ直ぐに
は走れないのです。しかし，担
任の先生に向かって走ったり，
お母さんを目指して走らせると，
ほぼ直線に近い軌跡を描いて走

写真 12-2　年長5歳児のリレー

れます。また，先生やお母さんの代わりにそれぞれの色の旗を立て，そ
れを目指して走らせてみると，ほぼ直線に近い走りができるのです。
　　したがって，小学校低学年の「走の運動遊び」では「30〜40m 程度
のかけっこ」として，コース内を走るのではなく，「いろいろな形状の
線上等を真っ直ぐに走ったり，蛇行して走ったりすること」が「小学校
学習指導要領解説　体育編」に例示教材として挙げられています。
②リレー
　　次に，幼児の「リレー」も大人たちにとっては見ていて楽しく，微笑
ましいものです。しかし，小学校「体育」低学年の例示教材としてのリ
レーは「折り返しリレー遊び，低い障害物を用いてのリレー遊び」と
なっています。
　　ところが，幼稚園や保育所の運動会では，年長5歳児のトラックを
使って行う周回リレーが行われているのをよく見かけます（写真 12-2）。
いわゆるトラックを使って行う周回リレーは幼児にとってはやや難しく，
むしろ体がぶつかり合うという危険な要素を含んでいます。何回も練習
し，要領を覚えさせればできないことはないのですが，サッカー遊びな
どと似て，幼児にとっては身体接触の伴う運動（クッショニングスポー
ツ）ができるまでにはまだ発達していないのです。

したがって，幼稚園や保育所でのリレー遊びは，むしろ直線を折り返すリレーや2つの台の上に置いたお手玉を右から左に置き換えてからターンする「置き換えリレー」などが，幼児の発達特性から考えて無理のない種目と考えられます。理想の子育て法など存在しないように，その子どもに合った保育カリキュラムが一番なのですが，要は幼児の発達特性と適時性を考えた保育でありたいものです。

3. 乳幼児期の心の発達と小学校教育への つながり

▶1 幼児の運動が生み出される要因

　乳幼児期の心の発達を「幼児の運動が生み出される要因」についてみていきましょう（図12-1）。

　幼児の遊びにおいて，運動が生み出される要因を分析すると，その内的要因としての意識などは大きく6つに分類されます。

①幼児としての基本的欲求

　幼児は，心身の安定を求めたり，自己を表現したい，自己を発揮したい，友達と同じ動きをしたい，友達と関わって遊びたい，集団の一員でいたいといった基本的な欲求から運動欲求が生み出されてきます。

②興味・関心

　幼児を取り巻く遊具としてのものや教室や園庭といった場，友達や先生といった人に対する興味や関心からも運動が生み出されます。また，それらのものや場を探索したい気持ちが運動へと駆り立てることもあります。

③楽しさをより追求

　自分自身が○○マンなどになったつもりで，活発に活動したり，イメージしたものに見立てる面白さ，楽しい雰囲気を一層味わいたい気持ち，運動や遊びそのものを十分堪能したいなど，楽しさそのものを追求することから幼児の運動が生み出されてきます。

④自己承認欲求

　「見て，見て！」と幼児は求めます。先生や友達に自分のできることを見てほしいといった承認欲求からも運動が生み出されてきます。特に，幼児は見られたい，褒められたい，認められたいといった欲求が強く，この自己承認欲求が満たされることで情緒が安定するものです。

⑤課題達成意識や挑戦

　平均台を並べて橋をつくろう，ダンボールで陣地や部屋をつくろうといった目的意識や課題達成意識からも運動が生み出されます。また，

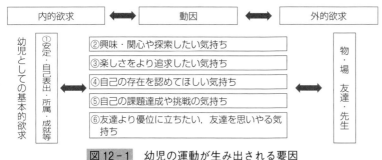

図 12-1 　幼児の運動が生み出される要因

出典：東京都立教育研究所・幼児教育研究部（1993）「幼稚園における幼児の遊びと運動の発達に関する研究」60頁。

マットの上をグルグルと回りたい，鉄棒で「逆上がり」や「前回り」ができるようになりたいといった挑戦しようとする気持ちが，運動へと幼児を駆り立てることにもなります。

⑥優越感や気遣い

　自分が友達より優位にたって遊びを進めようとする意識や，友達よりも自分の方が上手くできるという優越感から，さらに「こうすればできるよ！」といった，友達を気遣う気持ちからも運動が生み出されてきます。

　このように，幼児の運動は基本的な欲求を基盤にし，取り組みへの意識である内的欲求と，それに直接刺激を与える外的刺激である外的誘因との相互作用によって運動欲求が促され，運動の質的な変化を遂げていくものと考えられています。

　それだけに，幼稚園や保育所では物的環境としての遊具や場，人的環境としての友達や先生などをどうつくり上げていくかが，幼児の体づくりに大切なこととなります。

2　幼児の体づくりのために必要な要件

　では，幼児の体づくりのために必要な要件にはどんなものが考えられるのか，いくつか述べてみます。

①充実感・活動欲求を満たす条件整備──「待つ！」

　息子が幼稚園児の頃です。近くの畑でつかまえてきたアゲハチョウの幼虫を観察していました。ある日の朝，幼虫がサナギになって羽化するその瞬間を息子はじっと見つめていました。妻が「早く，ご飯ですよ！」と呼んでいましたが，筆者は「ちょっと待て！」と，幼稚園に遅れようが，朝食が遅くなろうが，そんなことより羽化するまで「待て！」と言いました。息子は羽化したアゲハチョウが，濡れた羽をゆさゆさとして飛び立つまでの相当な時間，ジーッと見ていました。

よく「待ちなさい！」とか「子どもと同化しなさい」といわれますが，本当の「待つ」ということは，子どもが心を弾ませて，夢中になって遊べる空間——羽化の観察は静ですが——汗でビチョビチョになって，泥んこになって夢中になって遊べる環境，そういう部分をどうやってつくってあげるかが幼稚園・保育所・家庭でも大切なことだと思います。

②イメージを広げる環境設定

　地域のお祭りの翌日，園庭に舞台になる台が置いてあり，太鼓や紙でつくった法被があると，自然に幼児はお祭りごっこをするでしょう。運動会の翌々日，園庭に玉入れや大玉が置いてあれば，運動会ごっこが始まるでしょう。保育室から園庭につながるアプローチの中にイメージをどう関連付けてあげるかが必要です。

　「こうやりなさい！」とか「ああやりなさい！」ではなく，幼児が発見したり試したくなるような，幼児自身が自ら自然発生的に「○○してみたい」と思えるような環境設定が望ましいのです。

③幼児の発達特性や興味・関心に即したもの

　朝の登園時，園児がそれぞれお母さんや時にはお父さんと手をつないで嬉しそうに来ます。正門や玄関で迎える笑顔の園長先生に「おはようございます」と挨拶をすると，下足箱に向かって駆け出し，カバンを置くやいなやすぐ園庭に飛び出していきます。

　年長組の先生が近所の商店街から譲り受けたビニールの「ぶどうの房」が登り棒やジャングルジムのてっぺんで揺れています。登園した園児は，次々とおいしそうな「ぶどうの房」を目指して登り棒によじ登り，手でそっと触って得意げににっこりと微笑んでいます。目標をつくってあげれば，「ガンバレガンバレ」といわなくても，どう頑張ればよいのか，どこまで頑張ればよいのかが幼児にもわかるのです。

　よく観察すると，登り棒の登り方にもいろいろあることがわかります。両手で棒を握っていますが，足の支え方が様々なのです（図12-2）。両足の土踏まずでしっかりと登り棒を固定して上体を押し上げる幼児，膝で登り棒をはさみつけて頑張っていますが，滑るのでなかなか登れない幼児，中には腰を引いて足の裏でおサルさんのように登ろうとしている幼児もいます。このとき，保育室から園庭に出てきた一人の先生が，なかなか登れない幼児の足を下から支えながら土踏まずを登り棒に固定してあげています。すると，どの幼児もみるみる登れるようになっていくのです。

足の土踏まずで
固定するとすい
すい登れるよう
になる

足の裏で固定して登る

膝と足の甲とで
固定して登る

図12-2　登り棒の足の支え方

出典：吉野尚也（2005）『乳幼児のからだづくり』エイデル研究
所，68頁。

3 ▶ 教師の専門性

　卵から雛がかえる瞬間，卵の中から雛がくちばしで殻の内側から突き，親鳥が殻の外側から同じ場所を突く瞬間が同時だといわれ，そのことを啐啄同時といいます。保育者が専門職といわれる所以は，子どもの発育・発達の状況を的確に捉え，機を逃さず適切に指導・援助ができるプロとしての知識や指導技能を有しているからです。

　言い換えると，保育者は専門職として指導内容を熟知し，ねらいに応じた教材教具を準備し，指導方法に優れ，幼児理解ができていることが求められるのです。

4 ▶ 小学校教育へのつながり

　2017年改訂の幼稚園教育要領などでは，幼児期の教育と小学校教育との円滑な接続を意図し，幼児期の終わりまでに育ってほしい姿が示されました。これは，年長5歳児後半にみられる姿であると同時に，小学校入学時の姿として小学校でも共有されています。

5 ▶ 小学校教育への見通し

　2017年改訂の小学校学習指導要領「第1章　総則」の「第2　教育課程の編成」には以下のように示されています。

　4　学校段階等間の接続

　(1)　幼児期の終わりまでに育ってほしい姿を踏まえた指導を工夫
　　することにより，幼稚園教育要領等に基づく幼児期の教育を通
　　して育まれた資質・能力を踏まえて教育活動を実施し，児童が
　　主体的に自己を発揮しながら学びに向かうことが可能となるよ
　　うにすること。

（中略）特に，小学校入学当初においては，幼児期において
　自発的な活動としての遊びを通して育まれてきたことが，各教
　科等における学習に円滑に接続されるよう，生活科を中心に，
　合科的・関連的な指導や弾力的な時間割の設定など，指導の工
　夫や指導計画の作成を行うこと。

　このように，小学校では幼児期を通して育まれた力を活かしながら，
指導の工夫をすることになります。このことから，保育者は幼児期だけ
に目を向けるのではなく，小学校教育との接続を見据え，見通しをもっ
た保育を心がけることが求められるのです。

演習課題

①幼児にとって体を動かす「遊び」はなぜ必要なのでしょうか。

②幼児の「運動遊び」と小学校体育の「運動遊び」とは，どこが違うの
　でしょうか。

③幼稚園や保育所の運動会で「周回リレー」を行うことは，発育特性や
　適時性の観点からどこに問題があるのでしょうか。

参考文献

東京都立教育研究所・幼児教育研究部（1993）「幼稚園における幼児の遊びと
　　運動の発達に関する研究」。

文部科学省（2017）「小学校学習指導要領解説　体育編」。

文部科学省（2018）『幼稚園教育要領解説』フレーベル館。

吉野尚也（2005）『乳幼児のからだづくり』エイデル研究所。

第13章

応急処置

子どものけがや急病に対しては適切な判断と迅速な処置が求められています。とりわけ子どもは訴えが未熟であるため，その緊急性や重症度の判断が難しく，また慌てることで判断を誤ったりすることも少なくありません。最近様々な研究が進み，昔は常識とされてきたことのいくつかが，不適切な対応であることがわかってきています。そのため，けがや応急処置について正しい知識とスキルを学び，落ち着いて対応できる準備を整えておきましょう。

1．手当の順序と配慮事項

1 傷の判断と応急処置

けがや急病の手当の順序としては，的確に判断し悪化予防と二次障害の予防を考え，迅速に応急処置を行います。創傷であれば受傷した部位を清潔に保ち，感染を予防する，捻挫ややけどであれば患部をすぐに冷やすなど，受傷直後の初期対応や応急処置は，その後の経過に大きく影響することがありますので的確に行う必要があります。そして，重要なこととして「受診が必要」か「必要はない」かを判断しなければなりません。その判断を誤ることで子どもの生命に影響することがありますので，普段から園内で緊急時の対応について話し合っておくことも必要です。

たとえば，滑り台から転落するといった事故が発生した場合は，一人だけで対応するのではなく，傷の処置をする人，救急車を呼ぶ人，他の子どもたちの対応をする人などと，役割分担や連携をして複数で協力できるよう日頃から話し合っておくことが必要でしょう。

2 子どもへの対応
①子どもを安心させる

痛みがあること，大量の出血，恐怖体験などにより，パニック状態で泣き叫んだり，放心状態になっていたりする子どももいます。泣くことで出血量が増えることもあり，周りの子どもたちにも動揺が伝わります。できるだけ子どもに近付き，落ち着いて，「大丈夫だよ」「先生がいるから」と優しい声をかけて子どもを安心させましょう。このときに，子どもから事故の状況を詳しく聞き出そうとしたり，危ないことを指摘したりは逆効果になります。子どもを安心させることを優先させましょう。

②RICE の法則

　けがの悪化防止，二次的な障害の予防のための応急手当の方法として
RICEの法則によるものがあります。これは，Rest（安静），Icing（冷却），
Compression（圧迫），Elevation（挙上）の頭文字を並べたもので，この
順に応急手当をします。
- 安静：できるだけ患部を動かさず安静にします。
- 冷却：患部周辺の血管を収縮させ，出血や内出血による腫れを軽減
　　　　します。
- 圧迫：包帯などで圧迫することで患部を動かさないようにして，出
　　　　血や腫れを軽減します。
- 挙上：患部を心臓より高く挙上することで，止血を促すとともに，
　　　　患部に貯まりやすい血液を心臓に還します。その結果，患部
　　　　の腫れが軽減します。

３　保護者への対応

①病院受診を必要とする場合

　病院受診を必要とするようなけがや急病の場合には，現状でわかって
いることだけでよいので，できるだけ早いタイミングで保護者に第一報
（受傷の状況と医療機関を受診させたい旨）を連絡しましょう。このときに，
受診先の希望があれば保護者から確認しておきましょう。

　保護者が病院に到着したときにそれまでの状況を丁寧に伝えましょう。
受傷や発病の状況（いつ，どこで，どのようにして，どこが，どうなったの
か）とともに，子どもの様子（「お話することはできています」「けが直後は
出血していたがすぐに止まりました」など）や，どのような応急処置を行っ
て現在はどうであるかなどを時間の経過に沿って話しましょう。保護者
の心配な気持ちに共感し，気持ちに寄り添いながら，子どもの安全を守
ることができずにけがをさせてしまったことについて，おわびも忘れな
いようにしましょう。子どもの突発的な行動によるものであったとして
も，保育中の子どものけがの責任は預かっている保育者にあります。ま
た，傷や病状の詳細については保護者が医療者から説明を受けられるよ
うに配慮します。

②園内での応急処置で対応可能な場合

　小さなけがなどで応急処置を園内で行った場合，保護者のお迎えのと
きにそれまでの状況を丁寧に伝えましょう。上記同様に受傷や発病の状
況，子どもの様子，応急処置の内容について伝えます。

　近年の少子化や核家族化，情報化といった社会の変化に伴い，子育て

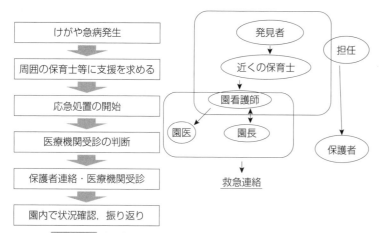

図13-1　救急時の対応および体制のフローチャート（例）
出典：筆者作成。

　経験の少なさや孤立育児によって，けがや症状の対応方法がわからない保護者も少なくありません。子どもの緊急時には，さらに気が動転し不安も大きくなることは容易に想像できます。そのため保育者は，保護者の不安を軽減し自宅に帰ってからも適切に対応できるよう，指導的な役割ももっています。けがや急病に対する応急処置や経過観察の方法，受診のタイミングなど，保護者の事前の知識を把握し，ニーズに応じた説明や指導・助言をしましょう。

4　救急体制

　けがや急病は，前ぶれなく突然に発生することがほとんどです。そのため，日頃からけがや急病発生時の対応・連絡体制を整え，職員の役割を明確にし，緊急時には各職員が対応できるようにしておくことが望ましいです（図13-1）。

5　配慮事項

①けがの状態や症状をしっかりと観察し，受診の可否を判断します。緊急時に適切に判断ができるよう園医や看護師とフローチャートなどを事前に作成し，誰もが目につく場所に置いておきましょう。

②応急処置や対応について，普段から話し合いや訓練をしておくことは実際の場面で役に立ちます。

③判断が難しいときには，迷わず受診させましょう。手遅れになって悪化してしまうと子どもにとって不利益となります。

④受傷や発症直後は子どもの気持ちを落ち着けるよう，子どもの気持ちを安心させる声かけをしましょう。

⑤保護者への連絡は，わかっている内容だけでもよいので，できるだけ早急に伝えるようにしましょう。

⑥保護者には自宅に帰ってからの観察の仕方や注意事項をできるだけ具体的に丁寧に説明するとともに，受診のタイミングなどについても伝えておきましょう。

2．傷に対する応急処置

　子どもが擦り傷や切り傷，刺し傷など何らかの原因でけがをした場合，傷口からの感染予防を第一に考えましょう。まずは傷口を清潔にし，付着している土や泥，唾液や血液などを流水でしっかりと洗い流すようにします。そのときに，傷の深さや状態をしっかりと観察し，応急処置で済む程度なのか，受診が必要であるのかを判断する必要があります。

　また，土や泥，動物の糞便中に破傷風菌が存在しており，けがをきっかけに傷口から**破傷風**に感染することがあります。破傷風は，定期予防接種の**4種混合ワクチン**の接種により予防できる疾患なので，予防接種の有無を確認及び接種を積極的に勧めることも必要な対応です。

1　傷の種類

　傷の大きさ，深さ，受傷のしかたなどにより，擦り傷，切り傷，刺し傷，咬み傷，やけどなどに分類できます。

- 擦り傷：転んだり，擦れたりして皮膚が擦りむけるような比較的浅い傷をいいます。砂や泥などが埋没すると，ブラッシングなどで異物を除去する必要があります。
- 切り傷：ガラスや刃物など鋭利なものによる傷です。出血が多く止まりにくい場合には縫合が必要になります。
- 刺し傷：鋭利な器具が突き刺さって生じる傷で，組織に深く進入していることがあり，神経や血管を傷つけている可能性もあります。また，表面的な傷は大きくないが奥に異物が残っている場合もあるので，受診が必要になります。
- 咬み傷：人や動物に咬まれた傷をいいます。細菌などによる感染の危険性があり，内服や外用薬による治療が必要になる場合が多いので，受診しておくことが望ましいです。
- やけど：熱いお湯や熱源にふれることで皮膚組織が破壊され，発赤，水疱などができます。やけどの程度と範囲によってその重症度は異なります。

▷1　破傷風
土の中の破傷風菌が傷口から入って起こる病気である。高熱，開口障害，呼吸困難，けいれんを引き起こし，重症化すると死に至る。

▷2　4種混合ワクチン
破傷風，百日咳，ジフテリア，ポリオを対象疾患とする予防接種法に定められた定期予防接種である。1期は生後3か月から接種でき，3〜8週間隔で3回，3回目接種の1年後に4回目を接種する。第2期は学童期に接種する。

170

2 ▶ 傷はどのようにして治るのか

　けがをして出血すると，出血を止めるために血液中の血小板が働きます。そのときにみられる滲出液◀3の中に，ばい菌などを殺す物質が含まれています。そして，皮膚が乾燥してしまうと殺菌作用が発揮されないので，傷口は湿潤させておく必要があります。けがをしてしばらくすると傷口に痂皮（かさぶた）が形成されます。しかしその痂皮の下は湿潤しているため，傷口を殺菌し治癒へと向かっています。

　これまで傷は消毒して乾燥させることで早く治るとされてきていましたが，ガーゼを貼付することでその交換のときに，再生して乾燥した皮膚がくっついて剝がれ，再損傷をおこし，かえって傷の治りを長引かせることになります。そのため，従来からの滅菌ガーゼを傷口に貼付するという処置はとらない方がよいのです。

　人間にはこのような自然の治癒力が存在しています。創傷が治る過程を促進するために大切なことは，傷の治りを阻害する要因となるもの，特にばい菌などによる感染を防ぐことと，治癒力を促すことです。

3 ▶ 応急処置

・擦り傷

①傷口の土や泥を流水でしっかりと洗い流します。

②清潔なガーゼや救急絆創膏で止血します。

③消毒薬などは使用せず，食品用ラップフィルムや専用の救急絆創膏（皮膚にくっつかない）をあて乾燥させないようにします。

④傷口の面積が大きい場合やなかなか出血が止まらない場合は受診を促しましょう。

・切り傷

①傷口が深くなく，圧迫により止血できる程度の傷の場合は，擦り傷と同様の処置をします。

②深く切ってしまって止血しにくい場合には，出血のしかたを観察します。

　ａ．傷口からにじみ出る……毛細血管性出血

　ｂ．黒ずんだ血液が流れ出る……静脈性出血

　ｃ．真っ赤な血液が噴き出すように出る……動脈性出血

　　ａとｂは応急処置で止血が可能ですが，ｃは動脈の破綻によるものが考えられるので，できるだけ止血を試みながら同時に救急車を呼びましょう。

③止血を行います。体内の総血液量の20％以上が急速に失われると，

▷3　滲出液
炎症が原因で血管からタンパク質等がもれ出たもの。

脈が速い，顔面の蒼白，皮膚の冷感などの症状がみられます。これはショック状態を意味し，生命の危険の前兆ですので，原則に沿って可能な限り止血を試みてください。

〈止血の原則〉

- 患部を心臓より高く挙げる。
- 患部を冷却する。
- 直接患部を両手で強く圧迫する。または心臓に近い血管を圧迫する（感染予防のため，直接血液に触れないように，対応する者はビニール手袋やビニール袋を手に着用することが推奨されています）。

- 刺し傷

①刺し傷は表面的には傷口は小さくても，深部まで傷が到達することや刺した刃物等の先が体内に残ることがあります。そのため，傷口だけでなく，凶器となったものの状況もよく観察する必要があります。

②患部を清潔にし，明らかに問題がない場合を除いては医療機関を受診させましょう。

- 咬み傷

(1) 犬や猫に咬まれた場合

①犬や猫などの動物に咬まれた場合，動物の歯は不潔なのでどんなに小さな傷でも石けんを使って水でよく洗います。唾液なども洗い流します。

②動物の咬み傷は，化膿しやすく感染の危険性があるので必ず医療機関を受診してください。

(2) 人間に嚙まれた場合

①子ども同士のけんかで相手に嚙みつかれることがよくあります。人間の歯はそれほど鋭くないので，あざができる程度です。その場合はすぐ冷却をして皮下での出血を最小限にします。浅い裂傷ができている場合は流水で患部を洗い流した後に，患部に清潔なガーゼをあてて冷やしてください。

②傷が深い場合は，感染のおそれもあるので医療機関を受診しましょう。感染予防として抗菌剤を投与される場合があります。

(3) 虫（蜂や毛虫）に刺された場合

①蜂に刺された場合は毒針を根元からピンセットで抜きます。毛虫や毒蛾の場合にはセロハンテープをそっと貼り，静かに剝がして毒針を抜きましょう。

②毒針を抜いた後は，毒を絞り出すように周りの皮膚を圧迫し，流水

で洗い流します。その後に患部を冷やします。

③アナフィラキシーショック[4]を起こすことがあるので，呼吸状態など を観察しておきます。呼吸困難などが起こった場合には，至急，医 療機関を受診します。

- やけど

①やけどをしてしまったら，少なくとも10分以上は流水で患部を冷や します。服を脱がすことで皮膚が剝がれてしまうことがあるので， 服の上からでよいので，水ぶくれは破らないように冷やします。

②水をかけにくい部位は，氷や保冷剤をタオルなどに包んで冷やしま しょう。

③やけどはその深さと面積により重症度が異なります。やけどが片腕 や片足など広範囲に及んでいる，または範囲は狭くても，皮膚が白 や黒に変色しているときは救急車を呼びましょう。

④皮膚が赤色や水ぶくれの状態であっても，やけどの範囲が手のひら より大きい場合（体表面積の1%）は医療機関を受診しましょう。

▷4　アナフィラキシー ショック
血圧低下，意識障害，呼吸 困難などの症状をいい，生 命の危険を伴う。

3. 打ち身（打撲），捻挫，脱臼及び 骨折の応急処置

1　種　類

- 打ち身：外的な強い衝撃によって，毛細血管の破綻が生じ，血液が 組織内に漏れて出血斑となるものです。

- 捻　挫：急で無理な力が加わることで組織が伸展し，関節と関節を つないでいる靱帯が損傷することです。

- 脱　臼：骨が関節から外れることで強い痛みが生じ，動かすことが できなくなります。子どもの場合は，強く手が引っ張られ た場合などに肘や指の脱臼が起こりやすいです。

- 骨　折：骨の断裂または骨に亀裂が入った状態をいいます。骨折は， 開放骨折と閉鎖骨折の2つに大別されます。開放骨折とは 折れた骨が皮膚を突き破って露出している状態で，出血も 多く，感染の危険性が高くなります。閉鎖骨折では皮膚内 で骨折部位の組織や血管を損傷する危険性があります。ど ちらも骨折部付近の血管や神経，組織の損傷があります。

2　応急処置

いずれの状況であるのか判断が難しいのですが，受傷時の基本的な処 置は同じです。

▷5 副木固定方法の研修などを受けていない人が無理に行うことで、二次的なけがのおそれがある。無理に副木をするのではなく、患部を安静にするようにする（米国小児科学会）。
▷6 救急車を呼ぶべき状況としては、受傷部位が変形、青みや蒼白の状態を帯びている、開放骨折の場合、痛がり方が強く、痛みで動かすことができない、視線が合わない、会話ができない、等がある。

①子どもが楽な姿勢をとらせ、受傷部位の安静を保ちます^{▷5}。
②痛みの状況、顔色・表情を観察します^{▷6}。
③受傷部位を冷やします（20分程度）。
④出血している場合は、受傷部位を動かさないようにして、清潔なガーゼなどで圧迫止血を行います。

○頭部打撲および外傷について

子どもは頭が大きく、バランスが悪いため、転落や転倒を起こしやすく、頭部の打撲は頭蓋内出血などの重大な脳損傷の危険性につながります。一見、何の影響もないようにみえても重症の状態が含まれていることがあります。

応急処置は上記と同様ですが、頭部を打撲し全く変化がない場合でも以下の症状について、特に受傷後24時間は注意深く観察して安静にし、異常があればすぐに医療機関を受診するよう保護者に伝えておきましょう。

〈医療機関の受診を必要とする症状〉

• 頭部の痛みが増強してくる

• 嘔吐を繰り返す

• ウトウトする、視線が合わない（意識レベルの低下）（表13-1）

• けいれんがある

• 手足に力が入らない、動かない

〈事例　園庭でけがをしたA児への応急処置〉

　保育所の園庭で外遊びをしているときに園庭で大きな泣き声がしたので、近くにいた保育士が駆け寄ると、2歳のA児がブランコ付近に倒れ泣いていました。右の膝や腕に軽い擦り傷がありました。周囲にいた子どもたちに聞くと、「ブランコが当たってこけた」と教えてくれました。ブランコがA児のどこに当たったのか、どのように転倒したかは誰も見ていません。しばらくするとA児は泣き止みました。

　保育士はA児に「大丈夫、大丈夫」と優しく声をかけ、擦り傷の手当てをし、手足の動きを確認した後、頭を氷枕で冷やしながら室内の静かな部屋で絵本の読み聞かせをして寝かせつけました。

　子どものけがの場合、どのような状況でどこを負傷したかがわからないことがよくあります。その場合、全身の観察、動きなどから、骨折や脱臼のないことを確認します。最も注意しなければならないのは、頭部の打撲です。保育士は、最悪の状態（頭部打撲）を考えて、頭部の痛みや吐き気、けいれん、意識状態の観察を行い、現時点では異常のないことを確認した後、念のため子どもが安静にできるよう対応しました。し

表13-1　乳幼児の意識レベル点数評価表

```
 Ⅰ　刺激しなくても覚醒している状態
  1．あやすと笑う。ただし不十分で，声を出して笑わない
  2．あやしても笑わないが，視線が合う
  3．母親と視線が合わない
 Ⅱ　刺激すると覚醒する状態（刺激をやめると眠り込む）
  10．飲み物を飲もうとする。あるいは，乳首を見せれば欲しがって吸う
  20．呼びかけると開眼して目を向ける
  30．呼びかけを繰り返すとかろうじて開眼する
 Ⅲ　刺激しても開眼しない
  100．痛みや刺激に対し，払いのけるような動作をする
  200．痛みや刺激で，少し手足を動かしたり顔をしかめたりする
  300．痛みや刺激に反応しない
```

出典：坂本吉正『小児神経診断学』(1978) 金原出版，36頁。

かし，眠ってしまうと意識レベルの低下がわかりにくくなりますので，寝ている姿勢に注意し，全く動かないときには一旦起こして，目を開けることができるか，手足を動かすことができるかを確認しましょう。A児の帰宅時には，保護者に頭部打撲の可能性を伝え，24時間は自宅で安静に過ごし注意深い観察が必要であること，具体的な観察内容と受診のタイミングについて丁寧に説明をしましょう。

4．熱中症（熱射病）の応急処置

　熱中症とは，体温が上がり，体内の水分と塩分のバランスが崩れ，体温調整機能が働かなくなる状態であり，悪化すると死に至る危険性があります。子どもは大人に比べ，体温調整機能が未熟で，体重に占める水分が多いため，体温が気温に影響を受けやすく熱中症になりやすいといわれています。

1 ▶ 症　状

- 意識がおかしい（ぼーっとしている，視線が合わない）
- めまいや頭痛
- 筋肉に痛みがある
- 体温の上昇（40℃以上になる，汗が出なくなる，意識がない場合は救急車を呼ぶ）

2 ▶ 応急処置

①涼しい場所，クーラーのある部屋に寝かせる。
②風を送る。

③大きな血管のある首，脇の下，足のつけ根を冷却する。

④濡れたタオルで身体を拭く。

5．けいれんの応急処置

けいれんは子どものおよそ10人に１人が経験する身近な症状です。脳の異常興奮により，不随意な筋肉の収縮と弛緩を繰り返します。けいれんは様々な原因によってみられる症状で，てんかん・泣き入りひきつけ・脳の病変（髄膜炎，脳炎，脳の奇形など）などが原因ですが，最も多いのは発熱に伴う予後良好な熱性けいれんです。

1 けいれんの観察

けいれんが起こったとき，その様子を目の当たりにすると動揺することが多いのですが，けいれん時の状況を観察することは治療に役立つため重要です。スマートフォンなどを用いて，発作の様子を録画しておきましょう。また，けいれん発作のきっかけとなる状況を知っておくことで今後の予防につながります（表13-2）。

2 応急処置

① 安全と安静の確保

けいれん発作のときには周囲にあるものでけがをしたり，お風呂などで溺れたりしないよう，子どもの安全を確保し，安静にすることを優先します。手足を押さえつけたり，大きな声を出して身体をゆすったりすると，発作を増強させてしまう可能性があるので絶対に避けなければなりません。

② 呼吸しやすい姿勢の確保

けいれん発作時に嘔吐し，窒息や誤嚥をすることがあるので，衣服を緩め呼吸をしやすい姿勢にし，嘔吐時には顔を横にして吐物を排出しやすいようにします。舌をかまないように，タオルや割り箸などを口に入れたりしてはいけません。誤嚥や口の中のけがにつながる危険性があります。

③ 発熱がある場合

熱を下げるため，頭，首や脇の下を冷やすようにします。

重要なこととして覚えておいてほしいのは，５分以上けいれんが続く場合，いったん発作が止まった後に再度発生した場合には救急車を呼ぶ必要があります。

表13-2　けいれん時の観察項目・内容

観察項目	観察内容
けいれん発作の長さ	数秒なのか，数分なのか
けいれんの型	持続的に筋肉が硬直しているか 筋肉の収縮と弛緩が交互に起こっているか
けいれんが止まった様子	急に止まったのか，徐々に止まったのか
けいれん後の様子	呼びかけて視線が合うか，顔色，体温
けいれんのきっかけとなった状況	発熱，食べ物，薬剤，光（テレビ，映画，ゲーム）など

出典：田中英行（2019）「けいれん」『小児看護』42（4），404頁を一部改変。

6．食物アレルギーの応急処置

特定の食物に含まれる成分によって免疫反応を引き起こし，蕁麻疹などのアレルギー症状が生じます。多くは原因となる食物を摂取して数分から数時間で現れます。強く反応した場合には呼吸困難などにより子どもの生命に危険が生じます。

1　症　状
- 蕁麻疹や発疹，紅斑などの皮膚症状
- 下痢，嘔吐や腹痛などの消化器症状
- 咳，のどのイガイガ感などの呼吸器症状
- 重度になると意識低下，血圧低下などのショック症状

2　応急処置
①アレルギーの原因となる食物を誤って食べてしまった，子どもが食物を摂取した後に口の違和感を訴えたなどの場合，すぐに口をゆすがせます。
②局所的な蕁麻疹や皮膚の発赤などが現れた場合，処方されている薬があれば内服させます。
③蕁麻疹や発疹が全身に及ぶ，呼吸困難や強い腹痛などアナフィラキシーショックの症状を認めれば，アドレナリン自己注射（エピペン®）[7]をして医療機関を受診しましょう（表13-3）。

▷7　エピペン®
注射針一体型の注射器にアドレナリンという薬物があらかじめ充填されているキットである。アドレナリンは心臓の働きを強め血圧を上昇させる，気管支を拡張させる，粘膜の浮腫を改善させる働きがある。アナフィラキシーショック時に即効性と有効性のある治療法。

表13-3　エピペン®を使用すべき症状

	症　状
消化器症状	繰り返す嘔吐，強い腹痛
呼吸器症状	のどがしめつけられる感じ，ゼイゼイする，息がしにくい，咳が止まらない
全身症状	意識がボーッとしている，脈が弱い 唇や爪が蒼白になる，ぐったりしている 尿や便を漏らす

出典：日本小児アレルギー学会アナフィラキシー対応ワーキンググループ「一般向けエピペンの適応」をもとに筆者作成。

7．乳幼児突然死症候群

　窒息などの事故とは異なり，何の前兆や病気もなく原因がわからないまま睡眠中に死に至ることを乳幼児突然死症候群（Sudden Infant Death Syndrome：SIDS）といいます。2017年度 SIDS で死亡した子どもは70人で乳児期の死亡原因の上位になっています。子どもの呼吸が止まっていたら，すぐに心肺蘇生を開始し，救急車を呼びましょう。

8．ノロウイルス感染症

　ノロウイルスによる急性の腸感染症をいい，発熱，腹痛，頻回の下痢・嘔吐を主症状とする病気です。ノロウイルス感染症で最も気を付けなければならないのは脱水です。子どもは成人に比べ，嘔吐や下痢が長時間続くことで脱水に陥りやすい生理的特徴をもっています。脱水の予防には以下の対応が必要です。

①脱水の予防
- 経口摂取が可能な場合は，経口補水液を頻回に時間をかけて与えましょう（一度に多量に飲水させると嘔吐を誘発する可能性があります）。
- 食事は絶食にする必要はなく，脂肪が少なく，消化のよいもの，子どもが好むものを与えましょう。

　また，ノロウイルスは吐物や便中から容易に他者に感染するため，感染予防対策を徹底することが必要です。

②感染予防対策
- 吐物や便を処理するときには，手袋，マスク，ディスポーザブルエプロンを着用し，汚物はペーパータオルで広範囲に拭き取ります。汚物を拭き取った後，次亜塩素酸ナトリウムをしみこませた使い捨

▷8　厚生労働省「乳幼児突然死症候群について」（https://www.mhlw.go.jp/bunya/kodomo/sids.html，2019年8月15日確認）。乳幼児突然死症候群の原因は不明であるが，予防対策が重要である。→第7章第1節参照。乳幼児突然死症候群の予防として，1歳になるまで，寝かせるときはあお向けに寝かせる，できるだけ母乳で育てる，保護者がたばこを吸っている場合は，やめるように伝える，等がある。

ての布やペーパータオルで覆い，浸すように拭き取ります。

- おむつや汚物を拭き取った布は次亜塩素酸ナトリウムとともにビニール袋に入れて固く口を縛って封をして破棄します。
- 汚染した衣服やリネン類は，密閉処理した後，洗浄液の中でもみ洗いをします（次亜塩素酸ナトリウムで消毒後，アイロンを使うと効果的です）。
- 汚物処理後には石けんと流水でよく手洗いを行いましょう。

9．心肺蘇生法（AED を含む）

　2017年度の子どもの死因のうち「不慮の事故」は上位を占めています。その中でも窒息，溺水や交通事故が多く，心肺蘇生によって死を免れることもあります。そのため心肺蘇生が必要になったときに迅速に対応できるよう，子どもに関わる職種（保育士，幼稚園・学校教諭等）は普段よりトレーニングを行い，一次救命処置を修得しておく必要があります。

　子どもに対する心肺蘇生は，A−B−C（気道確保：Airway，人工呼吸：Breathing，胸骨圧迫：Compression）や AED を使用する救急処置が必要とされています。

1　心肺蘇生の判断

　救急処置を始める前に，子どもの意識の有無，呼吸状態などを観察し，「呼びかけに反応はあるか」「呼吸しているか」を確認しなければなりません。それらの状態に応じて心肺蘇生の必要性を判断します（図13−2）。

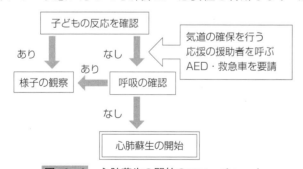

図13−2　心肺蘇生の開始のフローチャート

出典：小島直子（2019）「心配蘇生法」『小児看護』42（4）をもとに筆者作成。

2　心肺蘇生の方法

　子どもの安全を確保するために，周囲に危険物がなく，床面が平らなところに子どもを寝かせます。床が柔らかすぎると，効果的な胸骨圧迫が

難しいためです。

①気道確保

救護者は片手で子どもの前額部(ぜんがくぶ)を後方に押しあて，もう一方の手で子どもの顎(あご)を持ち上げ頭を後屈させることで，気道を確保します。同時に，AED と救急車の要請を応援の援助者に依頼することを優先します。

②人工呼吸

気道を確保した後，口を大きく開いて子どもの口を覆い，息を吹き込みます。そのとき，子どもの鼻から息が漏れないよう鼻をつまみます。子どもの胸が上がるのを確認し，1秒かけて息を吹き込みます。胸骨圧迫30回に対し，人工呼吸2回を約2分間行います。

乳児への人工呼吸は，乳児の鼻と口を一緒に覆い，胸が軽く上がる程度に息を吹き込みます（口対口の人工呼吸による感染の危険性は低いといわれていますが，感染防護具がある場合は使用します）。

③胸骨圧迫

両方の手のひらを合わせ，胸の真ん中にある胸骨を1分間に100～120回（約1秒に2回），胸の厚さの3分の1の深さが沈む力加減で垂直に圧迫します。

乳児の胸骨圧迫では，人差し指と中指の2本で，乳児の両乳頭を結ぶ線の少し下方を圧迫します。

④AED

AED が届いたらふたを開け電源を入れます。以降は音声メッセージに従って操作します。AED は2分おきに自動的に解析を行いますので，そのつど音声メッセージに従い実施します。救急隊に引き継ぐか，子どもに呼吸が認められるまで繰り返し行います。

演 習 課 題

①子どもがけがをした場合，迅速な判断と適切な応急処置が必要となります。創傷の種類による応急処置の違いをまとめてみましょう。

②食事中に食物アレルギーのある子どもが誤って他児の昼食を食べてしまいました。保育者としてどのような対処が必要でしょうか。また，今後の予防策としてどのようなことができるでしょうか。

参考文献

飯村知広（2019）「打ち身・捻挫・脱臼・骨折——受傷後の応急手当てから」細井千晴編「特集：子どもの症状・けが——保護者のホームケア力を支え

よう」『小児看護』42（4），へるす出版，459〜463頁。

猪口貞樹（2018）「重症熱傷」日本救急医学会監修／日本救急医学会指導医・専門医制度委員会，日本救急医学会専門医認定委員会編『改訂第5版 救急診療指針』へるす出版，504〜512頁。

厚生労働省「乳幼児突然死症候群（SIDS）について」（https://www.mhlw.go.jp/bunya/kodomo/sids.html 2019年8月15日確認）。

小島直子（2019）「心肺蘇生法」細井千晴編「特集：子どもの症状・けが──保護者のホームケア力を支えよう」『小児看護』42（4），へるす出版，474〜479頁。

田中英行（2019）「けいれん」細井千晴編「特集：子どもの症状・けが──保護者のホームケア力を支えよう」『小児看護』42（4），へるす出版，404頁。

玉置邦彦総編集（2003）『最新皮膚科学体系2 皮膚治療学 皮膚科救急』中山書店。

長村敏生・上村克徳（2009）「けいれん」日本小児救急医学会・日本小児外科学会監修／日本小児救急医学会教育研修編『ケースシナリオに学ぶ小児救急のストラテジー』へるす出版，48頁。

夏井睦（2013）『これからの創傷治療』医学書院。

日本皮膚科学会創傷・褥瘡・熱傷ガイドライン策定委員会編（2018）『創傷・褥瘡・熱傷ガイドライン（第2版）』金原出版。

日野原重明・井村裕夫監修（2015）『新生児・小児科疾患 第2版』（看護のための最新医学講座14）中山書店。

米国小児科学会「こどものファーストエイド」運営委員会編，徳永尊彦監修（2008）『こどものファーストエイド──こどものケアを行うすべての人のために』医学教育映像センター，49〜56頁。

索　引

(＊は人名)

《執筆者紹介》（執筆順，執筆分担，＊は編者）

＊重安　智子　　はじめに，第1章第1・2節，第6章
　　　　編著者紹介参照。

＊安見　克夫　　第1章第3節，第7章第3～6節，第10章
　　　　編著者紹介参照。

佐野　裕子　　第2章，第3章
　　　現　在　聖徳大学教育学部兼任講師。
　　　主　著　『3歳未満児の健康生活に関する健康福祉学的研究』千葉測器，2017年。
　　　　　　　『乳幼児の健康（第3版）』（共著）大学教育出版，2018年。

堤ちはる　　第4章
　　　現　在　相模女子大学栄養科学部教授。
　　　主　著　『小児臨床栄養学（改訂第2版）』（共著）診断と治療社，2018年。
　　　　　　　『子どもの食と栄養（新基本保育シリーズ12）』（共編）中央法規出版，2019年。

櫻木真智子　　第5章，第8章第1・2節
　　　現　在　聖徳大学短期大学部保育科教授。
　　　主　著　『身体発達』（共著）ぶんしん出版，2000年。
　　　　　　　『子どもと健康（新訂）』（共著）萌文書林，2008年。

松本　紀子　　第7章第1・2節，第8章第3節
　　　現　在　東京成徳短期大学幼児教育科助教。
　　　主　著　『保育所児童保育要録　記入の実際と用語例』（共著）すずき出版，2019年。
　　　　　　　「今月の保育」『保育とカリキュラム』ひかりのくに，連載中。

松本　純子　　第9章，第11章
　　　現　在　東京成徳短期大学幼児教育科教授。
　　　主　著　『つながる保育原理（シリーズ知のゆりかご）』（共著）みらい，2018年。
　　　　　　　『幼稚園幼児指導要録　記入の実際と用語例』（共著）すずき出版，2019年。

吉野　尚也　　第12章
　　　現　在　学校法人竹早学園理事長。
　　　主　著　『乳幼児のからだづくり』エイデル研究所，2005年。
　　　　　　　『子どものヤル気を生む8つの要素』学研教育みらい，2018年。

鎌田佳奈美　　第13章
　　　現　在　摂南大学看護学部教授。
　　　主　著　「子ども虐待の予防的な視点に関する研究」（共著）『小児保健研究』72（6），2013年。
　　　　　　　『子どもの保健（MINERVA はじめて学ぶ子どもの福祉8）』（編著）ミネルヴァ書房，2018年。

《編著者紹介》

重安　智子（しげやす・ともこ）
　　現　　在　聖徳大学幼児教育専門学校教授。
　　主　　著　『小学校新学習指導要領の展開 特別支援教育編 附幼稚園教育 平成20年版』（共著）明治図書，2009年。
　　　　　　　『教職実践演習──幼稚園教諭・保育士・保育教諭を目指すために』（共著）聖徳大学出版会，2019年。

安見　克夫（やすみ・かつお）
　　現　　在　東京成徳短期大学名誉教授。板橋富士見幼稚園園長。
　　主　　著　『写真で見るホンモノ保育──憧れを育てる』（共著）ひかりのくに，2013年。
　　　　　　　『実践！ふれあいテクニック──３.４.５歳児への言葉かけ』学研，2015年。
　　　　　　　『保育内容「言葉」──言葉とふれあい，言葉で育つ（改訂新版）』（共編著）東洋館出版社，2018年。

保育内容「健康」
──遊びや生活から健やかな心と体を育む──

2020年 4 月20日　初版第 1 刷発行　　　　　　　　　〈検印省略〉
2023年11月30日　初版第 4 刷発行

定価はカバーに
表示しています

編著者　重安　智子
　　　　安見　克夫
発行者　杉田　啓三
印刷者　坂本　喜杏

発行所　株式会社　ミネルヴァ書房
607-8494　京都市山科区日ノ岡堤谷町 1
電話代表　(075)581-5191
振替口座　01020-0-8076

ISBN 978-4-623-08811-9
Printed in Japan